Nina Speyer (*1979) lebt im Bergischen Land und arbeitet dort als Coach, Yogalehrerin und -ausbilderin. Die Liebe zu Kinder- und Jugendbüchern behielt die Autorin bei, als sie schon längst aus ihren Kinderschuhen herausgewachsen war. Sie studierte Theater-, Film- und Medienwissenschaft, französische Sprache und Literatur sowie Kinder- und Jugendbuchforschung in Frankfurt. Sie arbeitete in der freien Theaterszene Kölns als Regieassistenz und in der Presse- und Öffentlichkeitsarbeit, bevor sie sich ihrer heutigen Tätigkeit widmete. »Trine sucht den Schnee« ist ihr erstes Kinderbuch.

Laura Bednarski (*1992) studierte Design und Illustration an der Fachhochschule Münster und der HAW Hamburg. Heute lebt und arbeitet sie als freiberufliche Illustratorin im schönen Emsland. Ihre Illustrationen entstehen meistens bei einem guten Hörbuch und einer Tasse Tee. Wenn sie gerade nicht am Zeichentisch sitzt, buddelt sie vermutlich im Garten oder stört ihren Kater bei seinem Schönheitsschlaf.

Nina Speyer

Trine sucht den Schnee

Eine Adventskalendergeschichte zum Vorlesen
Mit Bildern von Laura Bednarski

DRAGONFLY

2. Auflage 2022
Originalausgabe
© 2021 Dragonfly in der Verlagsgruppe
HarperCollins Deutschland GmbH, Hamburg
Alle Rechte vorbehalten

Dieses Werk wurde vermittelt durch die
Literarische Agentur Michael Gaeb
Text: © Nina Speyer 2021
Einband und Illustrationen: Laura Bednarski
Satz: Simone Horlacher/HarperCollins
Druck und Bindung: Grafisches Centrum Cuno, Calbe
Printed in Germany · ISBN 978-3-7488-0078-1

www.dragonfly-verlag.de
Facebook: facebook.de/dragonflyverlag
Instagram: @dragonflyverlag

Für meine Mama,

hüpfendes Herz, Sternenstaub,
Kerzenflamme, Geschichtenerzählerin und
Behaglichkeit in einem.

1

»Wann ist endlich Weihnachten, Mama?!«

»Na, wenn auf der Erde Schnee fällt und alle Felder und Straßen unter einer weißen Decke liegen und alle Fenster der Häuser mit Eisblumen verziert sind, dann ist Weihnachten, mein Liebling. Wie sollen die Menschen denn sonst in Weihnachtsstimmung kommen? Und ohne die geht es schließlich nicht.« Die Weihnachtsfrau lächelte. Sie kannte die Ungeduld ihrer Tochter nur allzu gut, es war jedes Jahr das Gleiche. Schließlich hatte Trine – die Tochter des Weihnachtsmannes und der Weihnachtsfrau – dieses größte und bunteste und feierlichste aller Feste erst 111 Mal erlebt. Dieses Jahr würde es also das 112. Mal sein. So jung war Trine noch: An Weihnachten, das zugleich ihr Geburtstag war, würde sie erst 112 Jahre alt werden.

Selbst die Elfen in der Weihnachtsbackstube und die Werkstatt-wichtel waren alle schon viel älter als sie, mindestens 142 Jahre oder noch älter. Trine war zwar noch sehr jung, doch als Kind der Weihnachtseheleute hatte sie Zugang zu all den Werkstätten, in denen die Weihnachtsgeschenke und ganz besonderer Weihnachtsbaumschmuck angefertigt wurden und wo die Wichtel auch den großen Schlitten instand setzten.

Besonders oft aber zog es Trine in die Weihnachtsbackstube, wo sie sich regelmäßig Plätzchen stibitzte, auch schon lange bevor die Festtage begannen. Einige davon nahm sie immer mit in den Wolkenstall zu den Rentieren, denen sie dann erzählte: »Hört gut zu, bald ist Weihnachten, macht euch bereit und esst eure Kraftkekse!« Trine fand, dass auch sie schon zeitig in Weihnachtsstimmung kommen sollten. Und ein paar Extrakekse fürs Schlittenziehen konnten ja nicht schaden.

Die Rentiere sollten stark und munter sein, denn die Kinder auf der Erde wünschten sich nicht nur immer mehr, sondern auch immer größere Geschenke.

Bei den meisten Erwachsenen war es leider so, dass sie es verlernt hatten, sich etwas von ganzem Herzen zu wünschen. So kam es, dass sie oftmals Dinge geschenkt bekamen, von denen sie nicht gerade begeistert waren: eine gestreifte Krawatte, sieben Paar Socken, einen Staubsauger oder einen Kugelschreiber in einer Schachtel. Sie hatten einfach vergessen, wie es richtig geht, das mit dem Wünschen, weil sie schon so lange erwachsen waren.

Für diese Fälle, wenn weder ein Wunschzettel noch ein Herzenswunsch beim Weihnachtsmann eingetroffen war, gab es Geschenke aus der Reservekiste. Darin waren die gestreiften Krawatten, die Wochengarnituren an Socken, die Staubsauger, die Kugelschreiber in dunkelgrauen Schachteln und noch viele andere Geschenke, die zu jedem irgendwie ein bisschen passten. Es sollte ja niemand leer ausgehen an Heiligabend.

In diesem Jahr war das bevorstehende Weihnachtsfest für Trine ein ganz besonderes: Sie durfte ihren Vater, den Weihnachtsmann, zum allererstem Mal beim Verteilen der Geschenke begleiten. Vielleicht war sie aus diesem Grund noch viel ungeduldiger als in all den Jahren zuvor und konnte die Wartezeit bis zu den Festtagen nicht wie sonst voller Vorfreude genießen.

Trine hatte einmal, als sie noch jünger war, so um die fünfzig, ihre Mutter gefragt: »Mama, warum verteilst eigentlich du nie die Geschenke? Immer macht das Papa.«

Daraufhin hatte ihre Mutter geantwortet: »Ach, mein kleiner Schatz, deinem Vater macht es doch so unglaublich viel Freude. Er liebt es und kann es kaum erwarten, bis wieder Heiligabend ist. Deshalb ist das jedes Weihnachten mein Geschenk an ihn.«

Das fand Trine überaus lustig, und sie musste laut und lange darüber lachen – ihre Mutter übrigens auch. Jemandem ein Geschenk zu machen, indem man ihn arbeiten ließ, während man selbst nichts tun musste, das war so überaus schlau!

Doch inzwischen sah Trine das anders. Sie wollte nun nichts sehnlicher, als zusammen mit ihrem Vater und dem Christkind auf dem Schlitten durch die Lüfte zu fliegen, den Rentieren den Sternenstaub unter ihre Hufe zu streuen und die Geschenke in die Schornsteine der Häuser zu werfen. Ganz vorsichtig natürlich, damit auch alles heil bei den Menschen ankam. Das hatte sie schon gelernt in ihrer Schulung für zukünftige Weihnachtsfrauen. Seit dem letzten Weihnachten übte sie fleißig und wollte nun endlich allen anderen und sich selbst zeigen, dass sie es auch konnte, wenn es darauf ankam.

Also musste Trine immer nur an eines denken: Wenn der Schnee – das war Trines einer Onkel – sämtliche Felder und Straßen auf der Erde bedeckt und der Frost – Trines anderer Onkel – alle Fenster verziert hat, dann ist es so weit! Am liebsten hätte sie den beiden einmal einen Besuch abgestattet und mit ihnen geredet, damit es bald losging und alles besonders schön wurde in diesem besonderen Jahr. Denn bis zum Weihnachtsfest war es nicht mehr lange, und soweit sie gehört hatte, war auf der Erde bisher keine einzige Schneeflocke gefallen und keine einzige Eisblume erblüht. Die Zeit drängte, wobei Eile und feierliche Weihnachtsstimmung eigentlich nicht zueinanderpassten, das wusste Trine auch schon mit ihren jungen Jahren. Doch Schnee und Frost wohnten in keinem Haus, es gab keinen festen Ort, an dem man sie finden konnte, denn sie waren überall zu Hause. Also blieb Trine nur eines: abwarten und Tee trinken.

Im letzten Jahr, bevor Trine Weihnachtsfrau-Anwärterin geworden war, hatte sie die Adventszeit beinahe noch schöner gefunden als Weihnachten selbst. In diesen Wochen war auf einmal alles so behaglich, kuschelig und auch schon ein bisschen feierlich. Die Stimmen senkten sich beim Reden oft zu einem Flüstern, ganz so, als könnten laute Worte den Geist der Weihnacht vertreiben. Der Geist der Weihnacht mischte sich selten unter die übrigen Bewohner des Weihnachtslandes. Trine hatte ihn noch nie gesehen und wusste nicht viel über ihn, nur dass er weit draußen wohnte, weit hinter den Schneefeldern, die sie mit ihrem Rentier Sternschnuppe erkundete. Und sie wusste, dass er genauso wichtig für Weihnachten war wir ihr Papa, der Weihnachtsmann.

Jeden Morgen, wenn sie ihren Frühstückskakao trank, durfte Trine die Kerzen des Adventskranzes anzünden, außerdem eine kleine Kerze in einem niedlichen, verschneiten Porzellanhäuschen, das auf dem Tisch stand und so aussah, als würden dort winzig kleine

Bewohner gemütlich an einem winzig kleinen Feuer sitzen. An manch dunklen Morgenstunden wünschte sich Trine beim Betrachten des erleuchteten Häuschens, sie wäre so winzig klein, dass sie selbst dort hineinpasste.

Einmal hatten ihr die Weihnachtswichtel – die aus der Werkstatt – einen Streich gespielt. Denn die konnten im Gegensatz zu Trine ihre Größe verändern, sich winzig klein machen und in dieses Häuschen aus Porzellan hineingehen. Während Trine noch völlig verschlafen mit dem Kinn auf dem Tisch in die hell leuchtenden Fenster des Häuschens gestarrt hatte, waren die Weihnachtswichtel ganz plötzlich herausgesprungen und hatten Trine im wahrsten Sinne des Wortes auf der Nase herumgetanzt. Das war vielleicht ein Schreck gewesen! Aber auch ein Riesenspaß, und alle waren mit einem Schlag putzmunter gewesen, und der Tag hatte mit viel Gelächter begonnen.

In der Adventszeit, wenn man gemütlich beisammensaß, erzählte Trines Oma oft wundervolle Geschichten, manchmal den ganzen Tag lang und sogar bis in den Abend hinein. Früher war sie die Weihnachtsfrau gewesen, doch nach fünfhundert Weihnachtsfesten hatte sie genug gehabt von der vielen Arbeit und die große Aufgabe ihrem Sohn, Trines Vater, übertragen.

Immer wenn Oma in Erzähllaune kam, stellte sie als Erstes eine Frage. »Trine, habe ich dir eigentlich schon einmal von dem Rentier erzählt, das plötzlich allergisch gegen Sternenstaub war und andauernd niesen musste?«, wollte sie wissen, während sie einen Wichtel aus der Plätzchendose verscheuchte. Oder sie sagte am Kamin mit einer Tasse nach Zimt duftendem Tee in der Hand: »Trine, kennst du die Geschichte von dem Kind, das beinahe keine Geschenke bekommen hätte, weil jemand vergessen hatte, seine neue Adresse auf den Wunschzettel zu schreiben? Und wie wir es dann zum Glück doch noch gefunden haben? Was für ein Abenteuer!« Oder auch, während sie aus altem Wachs bunte Kerzen zog: »Aber Trine, habe ich dir wirklich noch nicht davon erzählt, wie wir Weihnachten zusammen mit dem Schneeriesen gefeiert haben, weil es so tüchtig geschneit hatte, dass er an dem Abend nicht mehr in seine Eishöhle zurückfand?«

In fünfhundert Jahren als Weihnachtsfrau im Weihnachtsland hatte ihre Großmutter allerlei erlebt und dabei viele spannende Geschichten gesammelt. So war die Vorweihnachtszeit einfach schon immer die schönste Zeit gewesen, voller Magie und Wunder und alter Geschichten. Und Keksen.

Doch in diesem Jahr wollte sich diese zauberhafte Stimmung bei Trine nicht so recht einstellen. Sie war launisch, nörgelig, manchmal sogar ohne Appetit, denn sie konnte nur noch an den großen Tag denken. Die Zeit bis dahin, diese vielen, vielen Tage, bis endlich, endlich Weihnachten kam, war doch reine Verschwendung und schrecklich langweilig. Lang-wei-lig! All die Geschichten von Oma hatte sie schon so oft gehört, das fiel ihr auf einmal auf. All die leuchtenden Kerzen konnten ihr Herz nicht erwärmen und es auch nicht vor lauter Vorfreude zum Hüpfen bringen. Sogar die Weihnachtslieder, die Oma ab dem ersten Advent immer vor sich hin summte und manchmal auch mit Trine gemeinsam am Klavier spielte und sang, gingen ihr einfach nur noch auf die Nerven.

3

Oma las Trine jeden Abend vor dem Einschlafen aus dem dicken alten Buch mit Geschichten aus aller Welt vor. Eine von ihnen liebte sie ganz besonders, und obwohl sie jeden Satz bereits auswendig konnte, fieberte Trine noch immer mit den Kindern und Erwachsenen mit, die der eiskalten Schneekönigin begegnet waren. Man erzählte sich, dass auch sie im Weihnachtsland wohnte, jedoch die meiste Zeit ruhelos zwischen den Welten – dem Weihnachtsland, der Menschenwelt und der Märchenwelt – umherstreifte. Wer ihr zu nah kam, lief Gefahr, von ihren Eissplittern getroffen zu werden. Die drangen tief in den Körper ein, bis sie das Herz erreichten, das allmählich zu einem Eisklumpen wurde. Man lebte weiter, jedoch mit einem kalten Herzen, das weder Freude noch Liebe kannte.

Als Trine an diesem Abend wieder einmal der Geschichte der Schneekönigin lauschte, fragte sie sich, ob sie wohl selbst einen Eissplitter in ihrem Herzen hatte. Ihr wurde einfach nicht warm ums Herz, es wollte keine richtige Weihnachtsstimmung aufkommen, sie verspürte keine Vorfreude, nur diese Ungeduld. So musste sich ein Herz anfühlen, das zu Eis geworden war.

Die Großmutter hatte schon gemerkt, dass mit ihrer Enkelin etwas anders war als sonst. Doch sie drängte sie nicht zu erzählen, was mit ihr los war. Nachdem sie die Geschichte vorgelesen hatte, war es Trine, die ihre Oma fragte: »Kann es sein, dass die Schneekönigin mich mit einem Eissplitter getroffen hat, der jetzt in meinem Herzen ist? Will sie vielleicht, dass ich bei ihr im Eispalast wohne und mit Eissplittern spiele? So wie in der Geschichte?«

Oma erwiderte in ihrer ruhigen Art und mit einem milden Lächeln: »Trine, hör mir nun mal gut zu. Kein Eissplitter kann in unser Herz dringen, wenn wir das nicht wollen.«

»Warum sollte das denn überhaupt jemand wollen?«, fragte Trine entgeistert.

»Manche Menschen finden das Leben dann einfacher, weil sie Angst haben vor Gefühlen. Das Herz kann uns mit seinen vielen Regungen ganz schön durcheinanderwirbeln. Man sagt doch so schön: Wir fühlen uns ›von himmelhoch jauchzend bis zu Tode betrübt‹. Wenn jemand einen Eissplitter in sein Herz eindringen lässt, dann erlebt er keine Achterbahnfahrt der Gefühle mehr. Er ist nie mehr traurig, doch dafür kann das Herz auch nicht mehr vor Freude wie verrückt hüpfen – wie deines es so gut kann.«

Trine dachte eine Weile über Omas Worte nach. Die Stille tat gut. Da war nur das Knistern des Feuers nebenan im Wohnzimmer zu hören, während der Schnee lautlos auf die Dächer im Weihnachtsland fiel.

Schließlich sagte Trine: »Oma, ich glaube, ich habe so einen Eissplitter in meinem Herzen. Weil ich Angst habe. Davor, dass es nicht rechtzeitig schneit auf der Erde und an den Fenstern der Menschenhäuser keine Eisblumen blühen und deshalb die Weihnachtsstimmung fehlt. Dann fällt Weihnachten aus, weil ohne sie der Sternenstaub nicht funktioniert und die Rentiere nicht fliegen können. Wie sollen wir dann auf die Erde gelangen? Und das, wo ich doch in diesem Jahr zum ersten Mal mit Papa auf den Schlitten darf. Und wenn der Schnee und der Frost ihr Werk doch noch verrichten und Weihnachten stattfindet, könnte es passieren, dass ich auf dem Schlitten alles falsch mache. Davor habe ich auch Angst. Vielleicht lasse ich ja ein Geschenk in den falschen Schornstein plumpsen. Stell dir mal vor, wie enttäuscht das Kind sein wird, wenn es sein Geschenk auspackt! Oder ich vergesse, rechtzeitig Sternenstaub unter die Hufe der Rentiere zu streuen, und dann stürzen wir ab!«

Endlich hatte sich Trine ihre Ängste von der Seele geredet. Oma hatte das früher selbst oft erlebt, daher wusste sie, was man jetzt tun musste. »Komm, Trine, setz dich erst einmal auf. Ich weiß, was dir jetzt hilft. Hol einmal ganz lange und tief Luft. Dann öffne deinen Mund und hauche all deine bedrückenden Gedanken und Gefühle aus. Auf diese Weise kannst du den Eissplitter aus deinem Herzen herausatmen. Gut, genau so.«

Trine wiederholte dieses Herausatmen so lange, bis sie das Gefühl hatte, dass jeder auch noch so kleine Eiskristall, jede noch so kleine Sorge aus ihr verschwunden waren. Und da merkte sie, wie die Ruhe in ihren Kopf und die Wärme in ihr Herz zurückkehrten.

Auf einmal merkte sie, dass alles wieder gut war. Ich bin im Weihnachtsland, dachte Trine, kurz vor Weihnachten, in meinem gemütlichen, schützenden Zuhause, in meinem kuschelig-warmen Bett mit Oma an meiner Seite. Ich kann das Knistern des Feuers hören, und ich kann den Lebkuchen und die Tannenzweige riechen. Nur das ist wahr. Alles andere, worüber ich mir eben noch Sorgen gemacht habe, ist es nicht. Und mit diesem einen klaren Gedanken kamen all die Vorfreude und der Zauber der Adventszeit in Trines Herz zurück. Und sie merkte, wie es wieder hüpfte vor Freude.

4

Nachdem Trine nun wieder die Freude und die Magie der Vorweihnachtszeit in ihrem Herzen fühlen konnte, war sie mit einem Mal
überglücklich und auch aufgeregt. Da war an Schlaf nicht mehr zu
denken! Trine sprang aus dem Bett, umarmte ihre Oma stürmisch
und drückte ihr einen dicken Kuss auf die Wange. Und ohne dass
eine der beiden es hätte aussprechen müssen, war klar, dass es nun
Zeit für einen Nachtspaziergang im Schnee war. Trine zog ihren rot-
weiß gestreiften Schneeanzug an, dazu die dicken roten Knie-
strümpfe mit den Rentieren und Schneeflocken darauf und schließlich die Winterstiefel. Oma hatte sich bereits in ihren waldgrünen
Filzmantel gehüllt und ihren Hals und Kopf mit dem langen roten
Schal umwickelt. Mit der Schneelampe in der einen und Trine an der
anderen Hand trat sie hinaus in die klirrend kalte Nacht des Weihnachtslandes.

Da standen die beiden, ein kleines, sehr junges Mädchen und
eine etwas rundliche, sehr alte Frau, vor der Tür des Weihnachts-

hauses und schauten hinauf zum klaren Sternenhimmel, der so hoch und so weit und so tief war, dass er endlos zu sein schien.

Noch bevor sie einen Schritt getan hatten, sauste eine Sternschnuppe über den Himmel. Und wie jeder weiß, darf man sich genau in diesem Moment etwas ganz Besonderes wünschen. Trine und Oma schlossen die Augen, um sich ihren Wunsch besser vorstellen zu können, und dann entließen sie ihn in die Weite des Sternenhimmels, damit er in Erfüllung gehen würde.

Über diese Wünsche sprach man nicht, man fragte auch nicht den anderen: »Was hast du dir denn gewünscht?« Das wussten Oma und Trine natürlich. Sie öffneten die Augen und sahen einander an, und an ihrem verträumten Lächeln und dem Glanz in ihren Augen erkannten Oma und Trine, dass sie sich beide etwas fabelhaft Schönes gewünscht hatten.

Glücklich und ohne ein Wort zu sagen, gingen sie dann eine Weile durch den Schnee, sahen ihren Atemwolken nach und betrachteten die blinkenden Sterne. Es war, als würden sie dem jungen Mädchen und der alten Frau da unten im Weihnachtsland auf ihrem nächtlichen Spaziergang zuzwinkern und allein für sie ein wenig heller leuchten.

Als sich Oma und Trine gerade auf den Rückweg machen wollten, begann es wieder zu schneien. Ganz sachte fiel hier und da eine Flocke auf den Boden nieder und auf Trines Nasenspitze und auf ihre eiskalten Handflächen, die sie gen Himmel streckte.

Oma fragte leise: »Weißt du eigentlich, dass jede Schneeflocke einzigartig ist? Jede hat ihr eigenes Muster, ihre eigene Schönheit und Besonderheit. Keine gibt es ein zweites Mal. Um das zu erkennen, muss man ganz genau hinschauen. Genauso ist es auch bei uns und bei den Menschen. Keiner ist wie der andere, und jeder hat eine besondere Eigenart und Begabung, die ihn – auch dich! – wunderschön sein lässt. Aber manchmal muss man eben genauer und auch länger hinsehen, bis man dieses Besondere erkennt.«

Nach der frostigen Kälte der Nacht fühlte sich das Bett noch hundertmal gemütlicher und kuscheliger an als zuvor. In Trines Kopf gab es nun keine sorgenvollen Gedanken mehr. Alles in ihr war klar und ruhig. Und so sank Trine in ihre Decken gehüllt in tiefen Schlaf.

Und sie träumte: vom Schnee, der in der Morgensonne golden glitzerte, von Eisblumen, die auf Fensterscheiben erblühten, von einer wilden Fahrt mit dem Weihnachtsschlitten und den Rentieren. In ihrem Traum lenkte Trine den Schlitten ganz allein und sagte ihrem Vater, der hinten sitzen musste, wo er die Geschenke abwerfen und wann er mehr Sternenstaub unter die Hufe der Rentiere streuen sollte. Das war witzig, denn in der Wirklichkeit würden natürlich Trine hinten und der Vater vorne sitzen. Aber in Träumen ist schließlich alles möglich, auch ein Tanz inmitten von riesengroßen Schneeflocken und wunderschönen Eiskristallen, die immer wieder neue Farben und Formen annahmen. Das könnte noch ewig so weitergehen! dachte Trine im Traum. Doch warum fühlte sich ihre linke Hand plötzlich so kalt und nass an? Traumschneeflocken schmolzen doch nicht!

5

Mit einem heftigen Niesen fuhr Trine aus ihrem Traum und im Bett hoch. Was war denn das?! In ihrer Hand lag ein Schneeball. Und da kicherte es auch schon unter der Kommode neben dem Fenster. Die Werkstattwichtel hatten ihr bereits den allmorgendlichen Streich gespielt, bevor Trine überhaupt einen Fuß aus dem Bett gesetzt hatte.

»Na wartet!«, rief sie nun hellwach und versuchte, mit dem Schneeball die Horde kleiner Wichtel zu treffen. Die aber rannten schon johlend aus Trines Zimmer, und der Schneeball traf – Mama. Oje ..., dachte Trine, musste aber trotzdem grinsen. Mama war im Türrahmen stehen geblieben, eine Tasse Kakao in der einen, ein Stück Lebkuchen in der anderen Hand und die Reste des Schneeballs an der Stirn.

»Na, wenigstens bist du heute gut gelaunt, meine liebe Trine«, sagte sie mit einem schiefen Lächeln.

Erst jetzt merkte Trine, dass sie vor Spannung den Atem angehalten hatte. Sie musste lachen, und weil Trines Lachen so schrecklich ansteckend war, lachte die Weihnachtsfrau gleich mit. Gemeinsam tranken sie den Kakao und aßen den Lebkuchen, und Trine erzählte von ihrem Traum, von der Schlittenfahrt und von dem Tanz mit den wunderschönen und einzigartigen Eiskristallen. Auch Oma hatte sich mittlerweile mit einer Tasse Kräutertee, darin eine weiß-rote Zuckerstange, zum Bettfrühstück dazugesellt.

Und so begann dieser Tag einmal ganz anders als alle anderen. Ohne zu wissen, was dieser Tag bringen würde, jedoch ahnend, dass etwas Großes bevorstand, stand Trine auf. Sie öffnete die quietschenden Schubladen der alten Kommode, unter der sich vorhin die Werkstattwichtel versteckt hatten, zog sich an und tapste – iiiiiihhhh, wie kalt! – in eine kleine Pfütze Eiswasser, die von der morgendlichen Weckaktion übrig geblieben war. Macht nichts, dachte Trine, Strümpfe kann man ja ausziehen und nasse Füße abtrocknen. Gedacht, getan, und die Pfütze am Boden wischte sie auch noch weg. Mit neuen, trockenen Strümpfen an den Füßen nahm Trine nun ihren Rucksack aus der Kommode und füllte ihn in der Küche mit Proviant.

Die Weihnachtsfrau und Oma schauten ihr neugierig dabei zu. Keine der beiden Frauen wusste, was Trine vorhatte – doch sie selbst schien es ganz genau zu wissen. Geschwind sammelte sie hier etwas ein, packte da etwas um, dann ging sie zum großen Schrank im Flur, stellte sich auf einen

Stuhl, um ganz oben an die Kiste mit den Handschuhen zu kommen, und nahm sich die dicken Fellfäustlinge heraus, die die Hände auch vor dem kältesten Frost schützten.

Trine merkte gar nicht, dass sie bei ihrem Tun beobachtet wurde. Auch die Werkstattwichtel saßen mittlerweile alle auf einem Haufen und sahen ihr zu, als wäre dies ein spannendes Theaterstück. Zuletzt schnappte sich Trine ihren Schneeanzug, den sie gestern beim Nachtspaziergang mit Oma getragen hatte, zog auch dieselben Stiefel wieder an und setzte sich den befüllten Rucksack – oh ja, der war jetzt schwer – auf den Rücken.

Doch als sie eingemummelt und bepackt auf die Tür des Weihnachtshauses zusteuerte und gerade nach der Türklinke greifen wollte, versperrte ihr ein roter Bademantel den Weg. Und in diesem Bademantel steckte Mama. Mit vor der Brust verschränkten Armen stand sie da, eine Augenbraue weit hochgezogen, und Oma stand mit einem amüsierten Lächeln daneben.

Trine zuckte zusammen, so, als wäre sie aus einem Traum erwacht, als sie die beiden da stehen sah.

»Trine, mein Liebes, hast du nicht etwas vergessen?«, fragte die Weihnachtsfrau.

»Was denn?«, fragte Trine verwundert. Sie sah sich um, suchte mit einem schnellen Blick in die Küche nach irgendetwas, das sie womöglich noch nicht eingepackt hatte, entdeckte aber nur den Haufen Werkstattwichtel, der gespannt in ihre Richtung schaute. Die Wichtel waren es jedenfalls nicht. Ein wenig ratlos, aber nun auch ungeduldig sah Trine wieder ihre Mutter an. Sie wollte endlich raus, und so langsam wurde ihr hier drinnen auch viel zu warm in den Wintersachen. Also zog Trine nun ihrerseits eine Augenbraue hoch. Das hatte sie sich von Mama abgeguckt. Als sie dann auch noch fragend die Schultern hob, mussten Oma und Mama nun doch lachen. Manchmal ist es nämlich sehr lustig, wenn jemand einfach nicht darauf kommt, worum es geht.

Mama half nach: »Trine, hast du nicht vergessen uns zu sagen, wo du hinwillst? Mit all dem Proviant und so warm angezogen? Und wann du wiederkommst?«

»Oh ...«, sagte Trine da nur, und ihre Wangen färbten sich rot, während sie zu Boden schaute. Sie atmete tief durch, hob den Blick wieder und sah in Mamas türkisblau strahlende Augen.

Trine dachte kurz nach, während ihr schon ein Schweißtropfen an der Schläfe entlanglief. Es war wirklich sehr warm in diesem Schnee-anzug. Schließlich erklärte sie: »So richtig darüber nachgedacht habe ich gar nicht. Seitdem ich aufgestanden bin, bin ich einfach nur meinem Herzen gefolgt. Es hüpft wieder, und ich will endlich was unternehmen. Ich kann hier nicht tatenlos herumsitzen, wäh-rend Weihnachten immer näher rückt und auf der Erde noch keine einzige Schneeflocke gefallen und noch nicht eine Eisblume erblüht ist. Ich denke, ich werde nach meinen Onkeln Schnee und Frost suchen und sehen, was sich tun lässt, damit es da unten schneit und friert und endlich Weihnachtsstimmung bei den Menschen Einzug hält.«

War das etwa ein Tränchen, das da in Mamas Augenwinkel glit-zerte? »Ach, ich bin so stolz auf dich, meine liebe Kleine! Du klingst schon so erwachsen, obwohl du doch erst 111 Jahre alt bist«, sagte die Weihnachtsfrau und fügte hinzu: »Pass aber gut auf dich auf, und sei vor Einbruch der Dunkelheit zurück. Wenn du nicht siehst, wohin du deine Füße setzt, kann das sehr gefährlich sein.«

»Das mache ich ganz bestimmt, meine liebe Mama, und ich passe auf. Ich habe ja auch Sternschnuppe dabei, der versinkt schon nicht im Schnee«, sagte Trine lächelnd und gab ihrer Mama einen dicken Kuss.

Dann nahm Oma Trine in die Arme und sah ihr fest in die Augen. Und dieser Blick war voller Gewissheit, dass Trine ihre Onkel Schnee und Frost finden und heil zurückkommen würde. Mama und Oma traten zur Seite, und im Nu war Trine aus der Tür.

6

Erleichtert, dass sie endlich aus dem warmen Haus raus war, atmete Trine tief durch und genoss die frische, kalte Luft. Auf dem Weg zum Wolkenstall kam sie am Arbeitszimmer ihres Vaters vorbei. Da saß er am Schreibtisch, der voller Papiere, Briefe und Tabellen lag, in die er die Namen der Kinder, ihre Adressen und ihre Weihnachtswünsche eintrug und so die Route für die Bescherung an Heiligabend festlegte. Die Brille war ihm auf die Nasenspitze gerutscht, und so sah er recht nachdenklich aus, der Weihnachtsmann. In der Adventszeit trug er immer schon seinen rot-weißen Weihnachtsmann-Mantel und, wenn er draußen war, auch die passende Mütze dazu. Doch so richtig nach Weihnachtsstimmung sah das selbst hier im Weihnachtsland noch nicht aus, dachte Trine, als sie in das Fenster hineinblickte.

Als hätte der Weihnachtsmann gemerkt, dass er beobachtet wurde, sah er von seinen Listen und Tabellen auf und geradewegs seiner Tochter ins Gesicht. Lächelnd hob er eine Hand und winkte

ihr. Trine warf ihm einen Kuss zu – und so, wie ihr Vater es immer tat, fing er den Kuss mit einer Hand aus der Luft auf und steckte ihn sich in die Tasche. »Für später«, sagte er dann jedes Mal.

Im Wolkenstall angekommen, ging Trine bis ganz hinten durch zu Sternschnuppe, ihrem eigenen Rentier, das bei uns Menschen nicht so bekannt ist wie zum Beispiel Rudolph mit der roten Nase – den kennt ja fast jeder. Nein, Sternschnuppe – oder Schnuppe, wie Trine ihren Freund meist nannte – kannte niemand, da er bisher noch nicht vor den großen Weihnachtsschlitten gespannt worden war. Genau genommen war er ebenso ein Jungspund wie Trine selbst. Die beiden gingen oft gemeinsam spazieren oder ritten durch die weiten Schneelandschaften des Weihnachtslandes, besuchten hier und da Freunde und sahen nach dem Rechten.

Heute würden sie gemeinsam zu einem ungewöhnlichen Abenteuer aufbrechen. Trine griff nach der roten Satteldecke, auf die Sternschnuppes Name gestickt war, dem Sattel und dem Zaumzeug. Schnuppe hatte sie bereits an ihrem Gang erkannt und blökte ihr freudig zu, weil er wusste, dass sie nun einen Ausflug machen würden. Dann sah er sie mit seinen neugierigen tiefblauen Rentieraugen an. Zur Begrüßung küsste Trine Sternschnuppe auf die weichen Nüstern, und er erwiderte den Gruß mit einem kräftigen Stupser gegen ihre Schulter.

»Wir beide haben heute eine kleine Reise vor uns«, erklärte Trine ihrem Freund, »und ich weiß noch gar nicht so recht, wo es hingehen wird. Aber dabei wirst du mir schon helfen, das weiß ich. Immer der Rentiernase nach! Auf jeden Fall wollen wir nach Schnee und Frost

suchen, damit sie nun endlich ihre Arbeit verrichten. Bald ist Weihnachten auf der Erde, und bisher sind noch keine weißen Schneedecken oder Eisblumen gesichtet worden. Wie soll man denn da in zauberhafte Weihnachtsstimmung kommen? Und das auch noch in diesem Jahr, wo ich doch zum ersten Mal Papa auf dem Schlitten begleiten und Geschenke austeilen darf! Das muss alles klappen – auf geht's, mein lieber Freund!«

Wie zur Bestätigung, dass er alles genau verstanden hatte, gab Sternschnuppe Trine wieder einen Schulterstupser.

Nachdem Trine ihr Rentier gesattelt und ihm das Zaumzeug angelegt hatte, saß sie mit Leichtigkeit auf. Mit ihrem schweren Rucksack auf dem Rücken und den Zügeln in ihrer Hand verließen sie den Wolkenstall.

»Mein liebes Herz, bitte sag, wo soll es hingehen?«

Als hätte Sternschnuppe die Antwort des Herzens gehört, setzte er sich sogleich in Bewegung, und zwar ganz zielstrebig, so wie wenn jemand weiß, wohin es gehen soll. Erstaunt und gespannt verfolgte Trine, welchen Weg ihr Rentier nun einschlug. Es dauerte nicht lange, und sie erkannte, welches Ziel Sternschnuppe anstrebte: den Eisplatz! Dort könnte sie vielleicht mehr über den Verbleib ihrer Onkel erfahren.

»Naaaatüüüürlich!«, rief Trine aus und schlug sich die Hand vor die Stirn. Dann tätschelte sie Schnuppes Hals und sagte: »Gut gemacht!« Das hätte sie sich eigentlich auch selbst denken können, doch manchmal können wir so viel nachdenken, wie wir wollen, und kommen doch auf keine Lösung.

7

Der Eisplatz war eine große vereiste Fläche in einem Tal im Weihnachtsland. Es wäre sehr verlockend gewesen, darauf Schlittschuh zu laufen – doch das war nicht erlaubt. Eines der wenigen Gebote im Weihnachtsland lautete: »Der Eisplatz muss immer klar sein, bitte keine Kratzer machen und auch nichts darauf werfen!« Durch die Eisfläche konnte man nämlich hinunter zu den Menschen schauen. Es war so ähnlich wie bei einer wahrsagenden Kristallkugel. Allerdings sagte der Blick durch das Eis nicht die Zukunft voraus, sondern zeigte das, was gerade auf der Erde bei den Menschen vor sich ging. Und Trine wollte sich vergewissern, wie es denn um die Weihnachtsstimmung dort unten stand.

Gespannt kam das Weihnachtskind näher und bewunderte den Sternenstaub, der ganz ruhig und gleichmäßig über der Eisfläche schwebte. Als Trine sie vorsichtig betrat, begann der Sternenstaub herumzuwirbeln. Er bildete immer wieder neue Formen, während die vorherigen vergingen, und nahm wechselnd alle Farben des

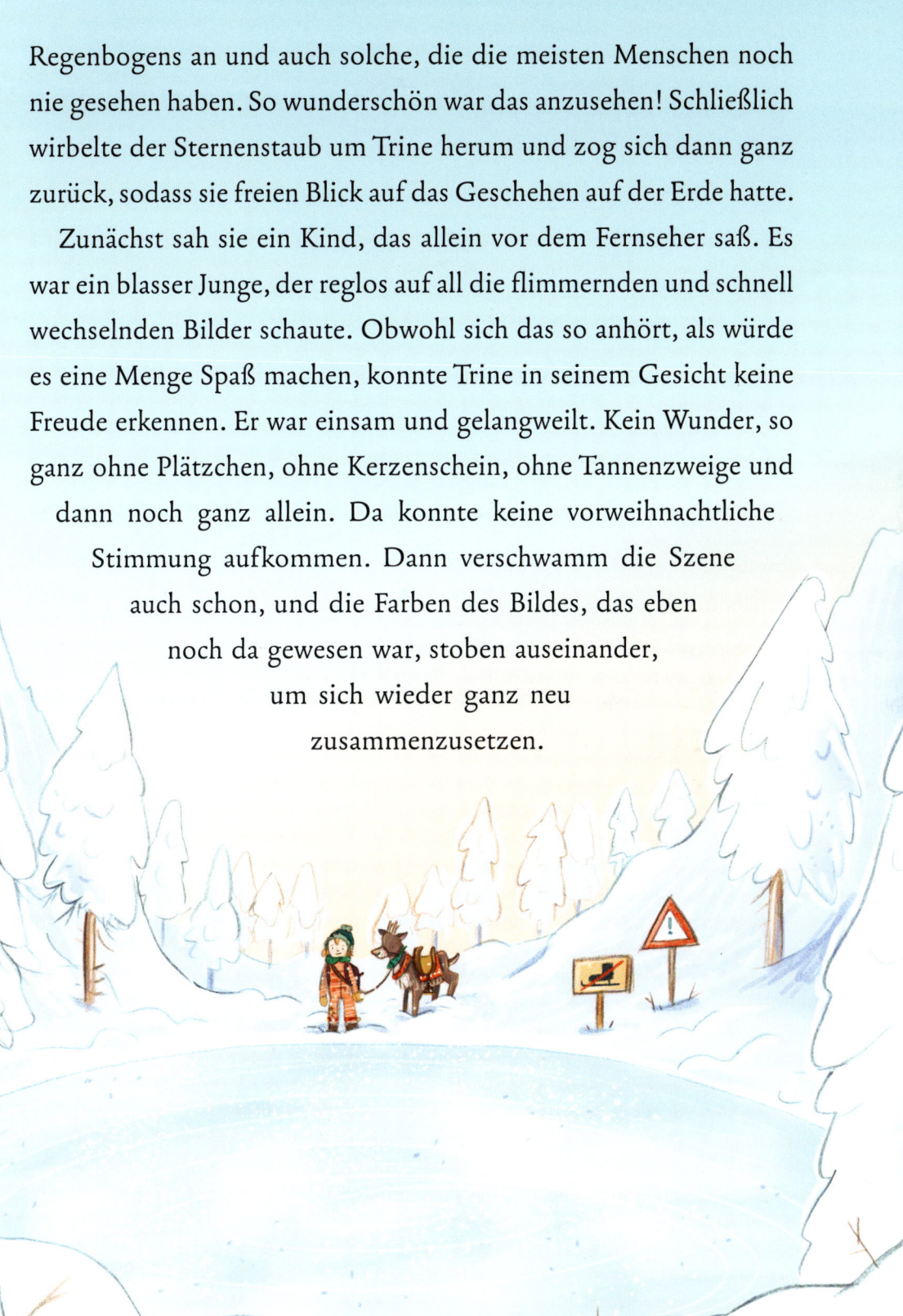

Regenbogens an und auch solche, die die meisten Menschen noch nie gesehen haben. So wunderschön war das anzusehen! Schließlich wirbelte der Sternenstaub um Trine herum und zog sich dann ganz zurück, sodass sie freien Blick auf das Geschehen auf der Erde hatte.

Zunächst sah sie ein Kind, das allein vor dem Fernseher saß. Es war ein blasser Junge, der reglos auf all die flimmernden und schnell wechselnden Bilder schaute. Obwohl sich das so anhört, als würde es eine Menge Spaß machen, konnte Trine in seinem Gesicht keine Freude erkennen. Er war einsam und gelangweilt. Kein Wunder, so ganz ohne Plätzchen, ohne Kerzenschein, ohne Tannenzweige und dann noch ganz allein. Da konnte keine vorweihnachtliche Stimmung aufkommen. Dann verschwamm die Szene auch schon, und die Farben des Bildes, das eben noch da gewesen war, stoben auseinander, um sich wieder ganz neu zusammenzusetzen.

So entstand ein neues Bild, das Trine ein anderes Kind zeigte. Ein Mädchen war mit seiner Mutter einkaufen, der Laden war ganz weihnachtlich geschmückt, rote und grüne Christbaumkugeln in verschiedenen Größen hingen von der Decke, und es gab hohe Türme mit Geschenken, die in rote und grüne Glanzfolie eingepackt und mit üppigen Schleifen verziert waren.

Was für ein Glück, dachte Trine, es scheint ja noch nicht alles verloren, das hier wird sicher ein Spaß! Tatsächlich verhielt es sich anders. Die Mutter wirkte ganz und gar erschöpft, während ihre Tochter durch den gesamten Laden rannte, ein Spielzeug nach dem anderen griff und alle auf einen Haufen warf. Immer lauter rief die Kleine: »Mama, schau, Mama, das hier, das will ich auch zu Weihnachten haben!«

Trine sah sich dieses Treiben eine ganze Weile mit vor Staunen offen stehendem Mund an — das war ja einfach nicht zu glauben! Warum wollte dieses Kind denn so viele Spielsachen auf einmal haben? So, wie sie sich da auf einem Haufen türmten, konnte man doch gar nicht mehr das Besondere an den einzelnen schönen Dingen erkennen. Wie die ungewöhnliche goldene Augenfarbe des Teddys oder die feinen gestickten Verzierungen der Puppenkleider. Das Mädchen hatte noch nicht einmal den Teddy an sich gedrückt, um zu fühlen, wie kuschelig er war, und auch der Puppe hatte es nicht über die seidigen Haare gestrichen. Und überhaupt, warum räumte dieses Kind alles auf einen Haufen, um seiner Mutter zu zeigen, was es sich zu Weihnachten wünschte? Warum schrieb es denn keinen Wunschzettel an den Weihnachtsmann wie jedes andere

Kind?! Da verschwamm das Bild auch schon wieder, und wie zuvor stoben die Farben auseinander, um sich gleich wieder aufs Neue miteinander zu verbinden. So konnte Trine durch das Eis eine neue Szene sehen.

Dieses Mal wurde der Blick frei auf eine große graue Straße, auf der Menschen schnellen Schrittes entlangliefen – Erwachsene und Kinder, und manch ein Hund, an der Leine hinterhergezogen, war auch zu sehen. Trine schaute genauer hin und entdeckte Kinder, die stehen bleiben wollten, um den Straßenmusikern zuzuhören, die Weihnachtslieder spielten, oder um sich die herrlichen Weihnachtskrippen in den Schaufenstern anzuschauen oder auch einfach nur, um ein vom Herbstwind vergessenes buntes Blatt aufzuheben. Doch die Kinder wurden sogleich von ihren Eltern hastig weitergezogen. Was sie da durch die Eisfläche auf der Erde beobachtete, machte sie ganz traurig, und ihr Herz wollte sich geradewegs wieder in einen Eisklumpen verwandeln.

»Nein!«, schrie Trine da plötzlich laut auf, sodass Schnuppe hinter ihr vor Schreck zusammenzuckte, und dann noch mal leiser: »Nein, nein, nein, nein, nein! Du hüpfst gefälligst weiter, mein Herzchen, und wir werden einfach alle anderen mit unserer Fröhlichkeit anstecken, bis sich niemand mehr so blöd verhält. Und jetzt müssen wir schleunigst Schnee und Frost finden!«

Trine verließ die Eisfläche, jedoch nicht ohne sich bei ihr für all die Einblicke, die sie bekommen hatte, zu bedanken. So konnte es auf der Erde auf keinen Fall weitergehen. Wenn es erst einmal schneien und frieren würde, würden die Menschen schon noch in Weihnachtsstimmung kommen und sich erinnern, dass dies das Fest der Liebe und nicht das der Einsamkeit, der Habsucht und der Eile war.

Trine stieg auf Sternschnuppes Rücken und warf einen letzten Blick zurück auf den Eisplatz. Der Sternenstaub schwebte wieder ruhig über die gesamte Fläche, und von der Erde und den Menschen war nichts mehr zu sehen.

Ohne sich darum zu kümmern, welche Richtung Schnuppe nun einschlug, ließ sich Trine vertrauensvoll von dem Rentier aus dem Tal in den Wald hineintragen. Die Sonne stand noch hoch am Himmel und ließ den Schnee wie Abertausende von Diamanten glitzern. Trine war in Gedanken versunken, sie dachte nach — wo konnten ihre Onkel bloß sein? Das sah ihnen gar nicht ähnlich, einfach nicht ihre Arbeit zu machen, gerade jetzt, wo sie doch so wichtig war. Vor lauter Nachdenken hatte Trine nicht bemerkt, dass Sternschnuppe stehen geblieben war. Erst als das Rentier mit den Hufen scharrte, blickte sie auf und schaute sich um. Vor ihnen stand ein Schneemann.

»Nanu, was machst du denn hier?«, fragte Trine verwundert.

»Einen schönen guten Tag erst mal!«, erwiderte der Schneemann, und sein Mund aus Kohlestückchen verzog sich zu einem schrägen Lächeln. Er nahm seinen Zylinder ab und neigte den Kopf gerade so tief, dass er nicht herunterfiel. Es war doch immer sehr mühsam, mit den unbeweglichen Armen und Fingern aus Zweigen den Kopf wieder aufzusammeln und ihn auch noch zurück auf die unteren beiden Schneekugeln zu setzen.

»Ich grüße dich, liebes Weihnachtskind! Dasselbe wollte ich dich auch eben fragen: Was machst du hier?«

»Guten Tag, lieber Schneemann, entschuldige bitte, ich wollte nicht unhöflich sein. Ich suche meine beiden Onkel Schnee und Frost, sie müssen für Weihnachtsstimmung auf der Erde sorgen und überhaupt dafür, dass das Weihnachtsfest stattfindet. Ohne Schnee und Eisblumen geht das doch nicht! Hast du sie vielleicht gesehen? Die Zeit drängt, Weihnachten steht vor der Tür!«

»Hmmmm«, machte der Schneemann und dann noch einmal: »Hmmmmmmm ...« Dann blickte er Trine mit seinen Kohleaugen an und sagte: »Nein, ich glaube nicht, dass ich die beiden in letzter Zeit gesehen habe. Aber bist du dir denn sicher, dass Schnee und Frost so wichtig für Weihnachten sind? Schließlich bist du doch das

Weihnachtskind, und wenn ich mich nicht irre, wirst du an diesem Weihnachtsfest 112 Jahre alt. Das heißt, du darfst mit auf den Schlitten und mit dem Weihnachtsmann die Geschenke bei den Menschen austeilen. Das wird etwas ganz Besonderes.«

»Ja, schon, das stimmt, lieber Schneemann«, sagte Trine, und ein wenig Ungeduld war in ihrer Stimme zu hören, »aber das geht doch nur, wenn die Menschen in Weihnachtsstimmung sind. Ohne sie funktioniert der Sternenstaub nicht, und wir würden mit dem Schlitten und all den Geschenken hier festsitzen. Mit Schneedecken und Eisblumen auf der Erde kommt erst die Weihnachtsstimmung.«

»Mhm«, machte der Schneemann, »wenn du das so siehst, ist es wohl auch so.«

Was sollte das denn nun bedeuten? Das klang doch etwas seltsam und war nicht wirklich hilfreich. Trotzdem nickte sie dem Schneemann freundlich zu, dankte ihm für die Zeit, die er sich genommen hatte, und trottete mit Schnuppe davon.

Der Schneemann drehte sich aber noch einmal zu den beiden Reisenden um und rief: »Du solltest vielleicht den Geist der Weihnacht aufsuchen, ich denke, er wird dir weiterhelfen können. Ich habe ihn zuletzt hinter dem Großen Berg gesehen. Das war vor zwei Tagen.«

»Danke, das ist eine gute Idee, lieber Schneemann!«, rief ihm Trine zu, und er rief zurück: »Ich weiß.« Dann verzog er seinen Kohlemund noch einmal zu einem schiefen Lächeln und verschwand in der weißen Schneelandschaft.

9

Als Trine über die Begegnung mit dem Schneemann nachdachte, kam es ihr so vor, als habe er etwas gesagt, das sie nicht verstand. Es war so, als habe er ihr ein Rätsel aufgegeben, doch was genau war dieses Rätsel und was seine Lösung?

Na, egal, jetzt war erst einmal eine Pause nötig. Trines Magen knurrte schon ganz laut, und trotz des Schneeanzuges wurde ihr allmählich kalt.

Kurz entschlossen stieg sie von Sternschnuppe runter und setzte sich mit einer Tasse wärmendem Tee und einem Lebkuchen auf einen alten Baumstumpf.

Eine ganze Weile war es still, die einzigen Geräusche waren Trines Schlürfen und Schnuppes Schnüffeln im Schnee. Doch plötzlich hörte Trine eine knarzige, aber zaghafte Stimme sagen: »Krieg ich auch einen, wertes Fräulein?«

Sie drehte sich um und entdeckte, erst nachdem sie ganz genau hingeschaut hatte, schließlich ein Männchen, gerade mal halb so groß wie sie selbst und vom Kopf bis zu den Füßen ganz in Weiß gekleidet: Zipfelmütze, Mantel und Stiefel, und sogar sein Bart war weiß. War das ein Schneezwerg? Gab es so was überhaupt? Schnuppe hatte die Suche nach Futter unterbrochen, den Kopf gehoben und schaute nun ebenfalls die kleine Gestalt an.

»Was bist du denn?!«, entfuhr es Trine, doch dann besann sie sich schnell einer höflicheren Begrüßung: »Äh, E... Ent... Entschuldigung! Einen schönen guten Tag! Würdest du mir verraten, wer du bist? Ich habe dich noch nie gesehen, doch das kann auch daran liegen, dass ich dich, so weiß im weißen Schnee, nie entdeckt habe.«

»Das ist wohl wahr, mein liebes Kind, mich sieht man so leicht nicht. Aber ich wohne auch noch nicht so lange hier im Weihnachtsland. Wir sind erst letztes Weihnachten hierhergezogen.«

»Wir? Gibt es noch mehr wie dich?«, wollte Trine, ganz neugierig geworden, wissen.

»Ja, so ist es, die anderen sechs Zwerge und dann noch Schneewittchen.«

Trine bekam ganz große Augen und sagte dann: »Schneewittchen? Die wohnt jetzt hier?!«

Der Zwerg – denn das war er: einer der sieben Zwerge – lachte. »So ist es. Ich bin Zwerg Nummer eins, stets zu deinen Diensten!«, sagte er, womit er meinte, dass er Trine jederzeit zu Hilfe eilen würde, wenn sie diese benötigte. Er zog seine weiße Zipfelmütze vom Kopf und verneigte sich tief vor dem Weihnachtskind.

»Nummer eins ... Hast du denn keinen richtigen Namen? Das da zum Beispiel ist Sternschnuppe«, sagte sie und zeigte auf ihren wieder nach Futter suchenden Freund, »und ich bin Trine, die Tochter ...«

»Die Tochter des Weihnachtsmannes und der Weihnachtsfrau!«, staunte nun seinerseits der Zwerg. »Es ist mir eine Ehre, deine Bekanntschaft zu machen«, sagte er, verneigte sich erneut und fuhr fort: »Ich habe schon so viel von dir und deiner Familie gehört. Wenn ich mich recht entsinne, bist du nun alt genug, um auf dem Schlitten mitzufahren – zum ersten Mal!«

»Ja, genau, so ist es! Aber woher ...?« Trine kam gar nicht dazu, ihre Frage ganz auszusprechen, da antwortete Zwerg Nummer eins schon: »Woher ich das weiß? Alle hier im Wald sprechen davon, auch von deiner Gabe.«

Das wurde ja immer wunderlicher, was meinte der Zwerg denn nur? Die Bewohner des Weihnachtslandes sprachen über sie, das Weihnachtskind? Während sich Trine weiter wunderte, fiel ihr wieder ein, dass der Zwerg sie um Tee und Lebkuchen gebeten hatte. Sofort bot sie ihm einen Platz neben sich auf dem Baumstumpf an. Dann saßen die beiden für eine Weile nur da und aßen und tranken, ohne ein Wort zu sagen.

10

»Also«, ergriff Trine wieder das Wort, nachdem sie und der Zwerg lange genug geschwiegen, getrunken und gegessen hatten, »ich habe drei Fragen an dich, lieber Zwerg Nummer eins. Erstens: Hast du auch einen richtigen Namen? Zweitens: Meinst du, ich kann Schneewittchen mal kennenlernen? Und drittens: Was ist das denn für eine Gabe, die ich haben soll?«

Der Zwerg ließ sich einen Augenblick Zeit, dann antwortete er: »Erstens: Ich habe einen richtigen Namen, der ist auf Zwergisch aber so kompliziert, dass ihn Nichtzwerge unmöglich aussprechen können. Deshalb haben wir uns einfachere Namen gegeben.«

»Sag mal deinen Namen auf Zwergisch, bitte, lieber Zwerg!«, bat Trine ihn.

»Jrwkrlß«, sagte Jrwkrlß.

Nun, das war wirklich kompliziert, dachte Trine und versuchte gar nicht erst, den Namen laut zu wiederholen. Stattdessen nickte sie ihm aufmunternd zu, damit er ihre übrigen Fragen beantwortete.

»Zweitens: Ja, sicher kannst du uns besuchen. Du findest uns weit hinter dem Großen Berg. Früher wohnten wir, wie du vielleicht weißt, hinter den sieben Bergen, aber das war im Märchenland. Hier ist es doch viel friedlicher. Ich mag den Schnee. Und die weiße Kleidung finde ich auch viel schicker. Gefällt mir viel besser als diese rote Zipfelmütze, die ich jahrhundertelang getragen habe«, erklärte der Zwerg und lachte in sich hinein. »Drittens: Zu deiner Gabe kann ich nichts sagen, wenn du selbst noch nichts davon weißt … Das ist etwas, das du selbst herausfinden musst.«

Da Zwerg Nummer eins so ehrlich und aufrichtig wirkte, glaubte Trine nicht, dass er ihr absichtlich etwas verschwieg. Er wusste es wohl wirklich nicht, und daher fragte sie auch nicht weiter. Stattdessen erzählte sie ihm, warum sie gemeinsam mit Schnuppe unterwegs war, dass sie ihre Onkel Schnee und Frost suchte, damit sie endlich ihr Werk verrichteten, und welche Geschehnisse sie durch das Eis auf der Erde beobachtet hatte.

Nachdenklich schüttelte der Zwerg den Kopf, und sein langer weißer Bart wippte im Takt mit. »Das hört sich wirklich so an, als sei das Weihnachtsfest der Menschen in Gefahr. Meinst du denn, es sind unbedingt Schneedecken und Eisblumen an den Fenstern nötig, um die Menschen in Weihnachtsstimmung zu bringen?«

»Ich denke schon«, erwiderte Trine und fügte hinzu: »Zumindest sagt das meine Mama.«

»Ach, weißt du, mein liebes Weihnachtskind, Dinge können sich ändern«, sagte der weiße Zwerg und schaute dann hoch zum Himmel, um den Stand der Sonne zu prüfen. »Es wird Zeit für mich aufzubrechen, ich muss nun nach Hause zu den anderen, die machen sich gewiss Sorgen, wenn ich nicht zur zweiten Teezeit zurück bin. Es war mir eine Ehre, mit dir zu speisen. Hab Dank, dass du deinen Lebkuchen und deinen Tee mit mir geteilt hast! Und besuche uns doch mal.« Der Zwerg stand auf. »Ach, eines noch: Bewahre dir dein hüpfendes Herz, es wird dir alle Fragen, die du hast, beantworten.«

Erstaunt schaute Trine erst den weißen Zwerg an und dann an sich hinab auf ihr tatsächlich hüpfendes Herz. Woher wusste der Zwerg denn das? Kannte er vielleicht Oma? Oder konnte man mittlerweile schon durch ihren Schneeanzug sehen, wie ihr Herz hüpfte?

Als hätte Zwerg Nummer eins Trines Gedanken erraten, lachte er kurz auf. Dann winkte er dem Weihnachtskind und dem Rentier zu und machte sich auf den Weg zu den anderen sechs Zwergen und Schneewittchen, die hinter dem Großen Berg auf ihn warteten.

Als Trine endlich ihre Sprache wiederfand, rief sie dem Zwerg hinterher: »Du musst uns aber auch besuchen! Komm doch zum Weihnachtsfest und bring sie alle mit, Schneewittchen und die anderen Zwerge, das wäre toll!«

Sie war sich nicht ganz sicher, ob er sie noch gehört hatte, denn er ging weiter seines Weges, ohne sich noch einmal umzudrehen. Bereits nach wenigen Schritten war er schon nicht mehr zu sehen, so, als hätte ihn der Schnee verschluckt. Voller Tatendrang stand Trine auf, rief mit einem lauten Pfiff durch die Zähne Sternschnuppe zu sich und saß auf.

Ihr Rucksack war nun um einiges leichter als noch vor der Pause. »Los geht's, mein lieber Schnuppe, wir suchen den Geist der Weihnacht. Der wird sicher wissen, wo wir meine Onkel Schnee und Frost finden!«

11

Gesagt, getan. Nachdem sich Trine und ihr Rentier genug ausgeruht hatten und ihre Bäuche voll waren, galoppierten die beiden wieder munter durch den verschneiten Wald des Weihnachtslandes. Beide wussten ja nun, wohin es gehen sollte: hinter den Großen Berg, dort, wo der Schneemann den Geist der Weihnacht zuletzt gesehen hatte. Und die Zeit drängte, wenn sie noch vor Einbruch der Dunkelheit wieder zu Hause sein wollten.

Schnell wie der Wind sauste das Rentier mit dem Weihnachtskind auf seinem Rücken über die dicken Schneedecken. Die weiße Landschaft flog an ihnen vorbei. Da war keine Gelegenheit für weitere zufällige Begegnungen.

Nach einer Weile spürte Trine eine Schneeflocke auf ihrer Nase und dann noch eine. Immer dichter fiel der Schnee vom Himmel, und Trine band sich ihren Schal um Kapuze und Gesicht, sodass nur noch die Augen frei waren. So ging es besser. Als dann aber auch noch ein Sturm aufkam, musste Sternschnuppe langsamer laufen und konnte schließlich nur noch gehen. Der Wind wehte so stark aus sämtlichen Richtungen, dass die beiden nur noch wie in Zeitlupe vorankamen. Obwohl Trine nicht selbst laufen musste – sie wäre bestimmt sofort im tiefen Schnee eingesunken, wenn sie es versucht hätte –, wurde sie immer müder und kraftloser. So ein Schneesturm ist unglaublich anstrengend, und die Kälte dringt selbst durch die wärmste Kleidung. Bald schon hingen Eiskristalle an Trines Wimpern, und so langsam fühlte sich ihr ganzer Körper wie ein einziger Eiszapfen an. Da wurde sie ganz schläfrig und legte ihren Kopf auf Sternschnuppes Hals und ließ sich, ihre Umgebung kaum noch wahrnehmend, von ihm einfach weitertragen. Sie hätte ohnehin nicht sagen können, welche Richtung die richtige war, denn in so einem dichten Schneetreiben kann man nicht einmal die Hand vor Augen sehen.

So kämpfte sich das Rentier mit dem schlafenden Weihnachtskind Schritt für Schritt vorwärts, denn es war sehr wichtig, dass sie bald ihr Ziel erreichten und aus der Kälte herauskamen. Mit der Zeit wurde es aber auch für Sternschnuppe zu viel. Zunächst begannen seine Beine zu zittern, dann gaben sie einige Schritte weiter ganz nach. Die Vorderbeine knickten ein, und Schnuppe landete langsam mit seinem Bauch auf dem Waldboden. So lagen sie nun da und wurden mehr und mehr vom Schnee zugedeckt.

Trine hatte einen sonderbaren Traum, während sie unter der Schneedecke schlief: Eine nahezu durchsichtige Gestalt näherte sich ihr, hob sie hoch und trug sie eng an die Brust gedrückt. Das fühlte sich so wohlig und friedlich an, dass es Trine so vorkam, als würde sie gleichzeitig von innen und außen erwärmt. Sie träumte von einem gemütlichen, warmen Feuer, das ihr auch die letzte Kälte aus den Knochen trieb, und von einer freundlichen Stimme, die ruhig zu ihr sprach, auch wenn sie die Worte nicht verstand. In diesem Gefühl, rundum gewärmt und beschützt zu sein, fielen all die sorgenvollen Gedanken der letzten Zeit von Trine ab. All die Zweifel und Bedenken, ob denn alles gut gehen würde mit dem Weihnachtsfest der Menschen und ihrer ersten Fahrt auf dem Schlitten, lösten sich in nichts auf.

Als Trine aus ihrem Traum erwachte, nahm sie durch ihre geschlossenen Lider ein warmes oranges Licht wahr. Blinzelnd öffnete sie die Augen, sah aber zunächst nur alles ganz verschwommen. Doch nachdem sie ausgiebig gegähnt und sich gestreckt hatte, wurde auch ihre Sicht wieder klar. Und da erkannte sie, dass sie wohl doch nicht nur geträumt hatte. Da war das Feuer, knisternd brannten die Holzscheite, und darüber hing ein Topf, aus dem Dampf und ein würziger Geruch aufstiegen. Als sie um sich herum runde Wände erblickte, wurde Trine endgültig bewusst, dass sie nicht mehr draußen im Schnee war – wie sie hierhergekommen war oder wo sie war, das wusste sie allerdings nicht. Eine freundliche Stimme, es war dieselbe wie in ihrem Traum, riss das Weihnachtskind aus seinen Gedanken.

»Mein liebes Kind, trink das«, sagte die sanfte Stimme, und vor Trine trat eine beinahe gestaltlose Gestalt, und auch sie kannte Trine aus ihrem Traum. »Ich bin der Geist der Weihnacht«, stellte die Gestalt sich vor.

Man konnte den Geist der Weihnacht kaum mit den Augen wahrnehmen, er war eher als wohliges Gefühl spürbar. Doch wer ganz genau hinschaute, konnte blassgraue Augen, lange silbrige Haare, einen Rauschebart und einen blassblauen Umhang, der stets in Bewegung schien, erkennen.

Er kniete sich hin und reichte Trine einen Tonbecher mit heißer Suppe darin. »Ich glaube, du wolltest zu mir – ist es nicht so?«, fragte der Geist der Weihnacht, während Trine sich aufrichtete. »Auf deinem Weg zu mir wärst du beinahe im Schneesturm erfroren und dein Rentier auch. Ihr beiden hattet großes Glück. Wie geht es dir, nun, nachdem du dich ausgeruht und aufgewärmt hast?«

»Schnuppe!«, rief Trine. »Was ist mit Sternschnuppe, wie geht es ihm?!«

»Ihm geht es gut«, beruhigte der Geist der Weihnacht das Weihnachtskind. »Er ist bei meinen Tieren im Stall und ruht sich aus, genau wie du. Ihr müsst eine anstrengende Reise hinter euch haben.«

Trine nickte. Eigentlich war ja alles nach Plan gelaufen, doch dann war der Sturm gekommen. »Das heißt, du hast uns gefunden und gerettet, lieber Geist der Weihnacht? Dann war das alles gar kein Traum, das war echt!«, staunte Trine, und ein tiefes Gefühl der Dankbarkeit durchströmte ihr Herz, als ihr bewusst wurde, wie viel Glück sie und Schnuppe gehabt hatten. Diese Geschichte hätte auch ganz anders ausgehen können.

Der Geist der Weihnacht lächelte warmherzig und nickte, und seine blassgrauen Augen strahlten plötzlich wie tausend Sterne am Nachthimmel.

»Was hast du denn bloß da draußen gemacht, bei so einem Sturm?«, wollte Trine wissen.

»Ach, ich hatte das Gefühl, ich sollte mal nach dem Rechten sehen. Und so war es ja auch gut.« Das war alles, was der Geist der Weihnacht dazu sagte.

»Ich bin übrigens …«, wollte Trine sich vorstellen, doch der Geist der Weihnacht kam ihr zuvor.

»Trine, das Weihnachtskind, ich weiß. Die Tochter des Weihnachtsmannes und der Weihnachtsfrau. Und dieses Weihnachten ist ein ganz besonderes für dich – freust du dich schon?«

»Ähm, ja, das tue ich. Aber woher weißt du denn, wer ich bin?«, wollte Trine wissen. Sie war erstaunt darüber, dass der Geist der Weihnacht sie kannte, obwohl sie sich bisher nie begegnet waren.

»Ich kenne dich seit deiner Geburt vor 111 Jahren. Schließlich bist du ein Weihnachtskind und bist die Tochter des Weihnachtsmannes und der Weihnachtsfrau. Und deine liebe Oma kenne ich auch sehr gut, noch aus den alten Tagen. In all den Jahren habe ich über dich gewacht und durfte erfahren, wie sehr dir die Weihnachtszeit am Herzen liegt. So konnte sich deine Gabe ungehindert entfalten, und in diesem Jahr wirst du sie ganz bewusst nutzen können«, schloss der Geist der Weihnacht.

Trine horchte auf: schon wieder diese Sache mit der Gabe. Anscheinend wussten alle anderen besser über sie Bescheid als sie selbst. »Also, lieber Geist der Weihnacht, ich möchte nicht unhöflich sein, aber wenn meine Gabe, von der ich übrigens überhaupt nichts weiß – und ich denke, dass ihr mich alle mit einem anderen

Kind verwechselt, denn da ist nichts Besonderes an mir –, wenn also meine Gabe mir nicht dabei hilft, meine Onkel Schnee und Frost zu finden, ist das jetzt nicht wichtig. Ich bin zu dir gekommen, um dich zu fragen, ob du weißt, wo die beiden sind. Es ist schon bald Weihnachten auf der Erde, und sie haben noch gar nichts vorbereitet: keine Schneedecken, keine Eisblumen und damit auch keine Weihnachtsstimmung bei den Menschen. Ich habe durch das Eis auf die Erde geschaut, das hat mich traurig gemacht. Die Menschen

benehmen sich so, als hätten sie vergessen, dass es das Weihnachtsland, den Weihnachtsmann, Wunschzettel und Weihnachtsmagie
gibt. Keine hüpfenden Herzen waren da zu sehen, nur Langeweile,
Müdigkeit und Hast statt Vorfreude und einer Zeit voller Geschichten, Plätzchen und Kerzenschein. Wo sind Schnee und Frost, weißt
du das?«

»Ich fürchte, liebes Weihnachtskind, in diesem Jahr müsst ihr das
ohne deine beiden Onkel hinkriegen. Wie ich gehört habe, haben
sich Schnee und Frost einen langen Urlaub genommen. Sie waren
des ewigen Schnees und der Kälte im Weihnachtsland wohl über-
drüssig und dürften nun irgendwo auf der Erde an einem sonnigen
Ort mit Meer und Strand in Hängematten ihre Auszeit genießen.
Niemand weiß, wo genau sie sind – sie wollten einfach mal für eine
Weile ihre Ruhe haben und was anderes sehen.«

13

Völlig entgeistert sah Trine den Geist der Weihnacht an. Das war ja wohl nicht möglich! Das ... das ... »Nein!«, rief Trine, und ihre Augen füllten sich mit Tränen. Sie fühlte sich verraten, wütend und hoffnungslos, alles war umsonst gewesen. Ihre Ausbildung zur Weihnachtsfrau, der Sternschnuppenwunsch mit Oma, ihre gefährliche Reise hierher, die sie und Schnuppe nur ganz knapp und mit viel Glück überlebt hatten.

Zutiefst enttäuscht warf sich Trine auf ihr Lager, auf dem sie eben noch so entspannt gelegen hatte, und zog sich die Decke über den Kopf. Sie wollte nichts sehen, nichts hören, nichts fühlen – am liebsten wäre es ihr in diesem Moment gewesen, die Schneekönigin käme vorbei und ließ einen, ach, zur Sicherheit zwei Eissplitter in ihr kleines, lästiges Herz fliegen, damit sie, Trine, nun endlich Ruhe vor ihm, dem Herz, und seiner kindischen Hüpferei hätte. Wem nutzte das schon, wenn auf Freude nur Traurigkeit und Enttäuschung folgten?

»Du solltest vorsichtig sein mit dem, was du dir wünschst, es könnte nämlich in Erfüllung gehen«, sprach der Geist der Weihnacht zu Trine, ohne ihre Verzweiflung zu bedauern und ohne sie ihr ausreden zu wollen. Seine Stimme war noch immer voller Freundlichkeit und Güte.

Trine zog einen kleinen Zipfel der Decke von ihrem Gesicht, um den Geist der Weihnacht mit einem Auge ansehen zu können. »Wie kann es sein, dass du weißt, was ich gerade gedacht habe? Kannst du meine Gedanken lesen? Ich kenne bisher nur einen Einzigen, der das kann – das Christkind.«

»Deine Gedanken kann ich nicht lesen, es ist vielmehr so, dass ich in dein Herz schauen kann, es spricht mit mir. Letztendlich macht das aber keinen Unterschied: Ich weiß, was in dir vorgeht«, war die Antwort des Geistes.

»Mhm«, machte Trine nur. Sie wollte sich lieber wieder verkriechen, am besten wäre es, Weihnachten hier am Feuer und weit weg von allen und all dem Trubel zu verschlafen, dachte sie. Es brachte doch ohnehin nichts, noch irgendwelche Anstrengungen zur Rettung des Weihnachtsfestes der Menschen zu unternehmen.

»So könnte man das sehen«, kommentierte der Geist der Weihnacht ein weiteres Mal Trines Gedanken. »Doch wem nützt das? Was denkst du, wie es den Menschen auf der Erde gehen wird, wenn Weihnachten dieses Mal ausfällt? Werden sie danach noch an den Weihnachtsmann oder an das Christkind glauben? Werden die Kinder danach noch Wunschzettel schreiben oder Herzenswünsche an deinen Vater schicken? Wenn das Fest der Liebe auch nur einmal ausfällt, wie werden die Menschen in Zukunft miteinander umgehen? Werden sie noch an Güte, Liebe und Hoffnung glauben?«

Trine hörte dem Geist der Weihnacht aufmerksam zu, und ohne dass sie es wollte, erschienen vor ihrem inneren Auge düster-graue Zukunftsvisionen, die weitaus bedrückender waren als die Geschehnisse, die sie am Morgen auf dem Eisplatz beobachtet hatte. Trine überlegte: Wenn es den Menschen dann so sehr an Freude, Liebe und Vertrauen mangelte, wie würde sich das auf das Weihnachtsland auswirken? War in den alten Geschichten, die Oma erzählte, nicht oft die Rede davon, dass der Glaube der Menschen, ganz besonders der Glaube der Kinder an die Weihnachtsmagie das Weihnachtsland erst erschaffen hatte?

Das aber bedeutete, dass sich Trine nicht einfach hier fernab von allem und allen unter der Decke verstecken konnte. Wenn niemand mehr an den Geist der Weihnacht, an den Weihnachtsmann, an all die Wichtel und an den Zauber, der alles umgab, glaubte, dann würde ihr Vater bald nichts mehr zu tun haben, die Magie der Weihnacht würde es selbst im Weihnachtsland nicht mehr geben, und letztendlich würde das Weihnachtsland mit ihr, Schnuppe und all seinen Bewohnern gar nicht mehr da sein. War das denn möglich?

»Ja, die Möglichkeit besteht«, antwortete der Geist der Weihnacht, ohne dass Trine ihre Gedanken ausgesprochen hatte.

»Das ist furchtbar! Kann man denn nichts dagegen tun?«, flüsterte Trine.

»Man kann immer etwas tun, liebes Weihnachtskind. Hast du schon einmal vom Weihnachtswunder gehört?«, fragte der Geist der Weihnacht.

14

»Ob ich schon einmal vom Weihnachtswunder gehört habe?« Lächelnd sah Trine den Geist der Weihnacht an. »Ja, das habe ich«, sagte sie, und statt der düsteren Visionen sah sie plötzlich fröhliche und hoffnungsvolle Bilder vor sich.

Trine erinnerte sich an all die Geschichten, die ihre Oma ihr an gemütlichen Abenden erzählt hatte: Da wurden Feinde zu Freunden, Menschen, denen es gut ging, halfen Menschen, die krank, arm oder einsam waren, in der dunkelsten Zeit leuchtete ein Stern so hell, dass sich Hoffnungslosigkeit in Hoffnung verwandelte und Vergebung allen Groll und Zorn in Luft auflöste. Und das alles einfach nur, weil Weihnachten war.

»So ist es.« Der Geist der Weihnacht hatte wieder in Trines Herz geschaut. Und er fügte hinzu: »Jetzt hast du verstanden, wer ich bin. Das, was du gerade gesehen hast – immer wenn Menschen ihr Herz öffnen und füreinander da sind –, das ist der wahre Geist der Weihnacht.«

»Dann mach dich schnell auf den Weg!«, rief Trine. »Geh auf die Erde und verbreite dich unter den Menschen!« Es war doch so einfach, dachte sie.

»So einfach ist das nicht, liebes Weihnachtskind. Zu den Menschen kann ich nur gelangen, wenn es die Vorfreude auf Weihnachten, die Weihnachtsstimmung, den Wunsch, Gutes zu tun, Behaglichkeit und Kerzenschein gibt. Damit öffnen sie mir das Tor zu ihrer Welt und heißen mich willkommen. Wenn all das fehlt, kann ich es nicht, so traurig das auch sein mag.«

»Also können wir gar nichts tun«, schloss Trine aus der Erklärung des Geistes.

»Das habe ich nicht gesagt. Du kannst sehr wohl etwas tun.«

»Kommst du mir jetzt wieder mit meiner Gabe? Ich habe doch schon gesagt, dass ihr mich da verwechseln müsst. Ich bin gerade mal 111, fast 112 Jahre alt, also noch ein Kind. Ich kann nichts tun, weil ich nichts kann«, sagte Trine bestimmt.

»Ist das so?«, wollte der Geist der Weihnacht wissen. Aber eigentlich klang es nicht wie eine richtige Frage. Ein bisschen klang es wie das, was der Schneemann und Zwerg Nummer eins sie gefragt hatten: »Aber bist du dir denn sicher, dass Schnee und Frost so wichtig für Weihnachten sind?« Trine war sich sicher gewesen, dass es genau so sein musste. Doch vielleicht stimmte das gar nicht. Vielleicht war es einfach genau diese Frage: »Ist das so?«, die sie sich selbst stellen musste, um dahinterzukommen, was ihre Gabe war.

Trine schwieg und wiederholte immer wieder in ihrem Kopf die Frage: »Ist das so?« Sie erinnerte sich an ihr Gespräch mit Oma, als

Trine sich so sicher gewesen war, ihr Herz würde sich in einen Eisklumpen verwandeln und dass man nichts dagegen tun könne. Und sie erinnerte sich, wie sie den Eissplitter einfach ausgeatmet und danach die Welt wieder ganz anders gesehen hatte.

Genau so wie heute Morgen beim Aufstehen, als sie plötzlich wieder glücklich gewesen war und sich alles wie von selbst gefügt hatte, wurde sie wieder von einer Welle der Vorfreude und Tatkraft ergriffen, und diese Welle stammte aus ihrem hüpfenden Herzen.

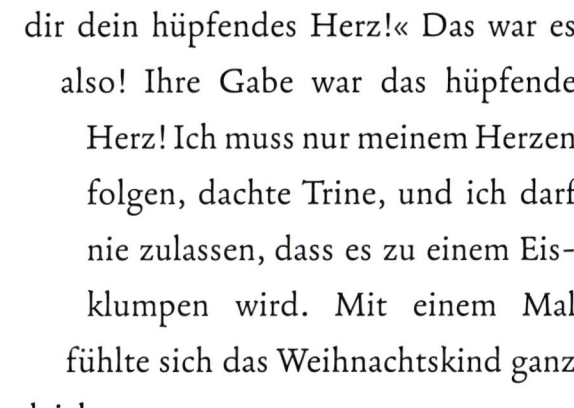

Der Zwerg hatte noch gerufen: »Und bewahre dir dein hüpfendes Herz!« Das war es also! Ihre Gabe war das hüpfende Herz! Ich muss nur meinem Herzen folgen, dachte Trine, und ich darf nie zulassen, dass es zu einem Eisklumpen wird. Mit einem Mal fühlte sich das Weihnachtskind ganz leicht.

»Danke, lieber Geist der Weihnacht, ich glaube, ich weiß jetzt, was ich zu tun habe. Zwar weiß ich noch nicht, wie ich es tun soll, aber ich tue es. Hört sich das verrückt an?«

»Ganz und gar nicht«, antwortete der Geist der Weihnacht, und auf seinem kaum erkennbaren Gesicht erschien ein Lächeln.

Der Schnee hatte Trines Schneeanzug, den Schal, die Mütze und sogar die robusten Handschuhe und ihre Winterstiefel gänzlich durchnässt, doch neben dem Feuer war inzwischen alles getrocknet und nun kuschelig warm, als Trine ihre Sachen wieder anzog. Sie freute sich schon auf Schnuppe, es kam ihr wie eine Ewigkeit vor, seit sie ihn zuletzt gesehen hatte. Sie war so froh, dass ihm nichts passiert war, und dankbar, dass er all seine Kraft hergegeben hatte, um sie so weit zu bringen.

Als Trine ihr geliebtes Rentier im Stall fand, fiel sie ihm um den Hals, bedankte sich mit einem Kuss auf seine weichen Nüstern und steckte ihm einen Keks zu. »Gut siehst du aus, mein Lieber!«, stellte sie fest. »Dein Fell glänzt, deine Augen strahlen, und du wirkst zufrieden.«

Sternschnuppe stupste Trine gegen die Schulter, ganz so, als wollte er sagen: »Du aber auch, mein liebstes Weihnachtskind!« Die kurze Zeit beim Geist der Weihnacht hatte den beiden anscheinend richtig gutgetan.

Trine führte das Rentier aus dem Stall, saß samt ihrem Rucksack auf, und dann traten beide vor das Haus des Geistes. Da stand er, in seiner beinahe gestaltlosen Gestalt, fast schon mit dem Hintergrund verschmelzend, doch Trines Augen hatten sich mittlerweile daran gewöhnt, ihn deutlicher zu sehen. Er streichelte Schnuppe über den Kopf und nahm dann Trines linke Hand in seine beiden großen Hände. Trine war sich nun sicher: Es würde ein wundervolles Weihnachten geben, für Klein und Groß auf der Erde und für alle Bewohner des Weihnachtslandes!

15

Dass es bereits dämmerte, fiel Trine erst auf, als sie schon viele Galoppsprünge hinter sich gebracht hatten.

Da muss ich ja recht lange beim Geist der Weihnacht geschlafen haben, wenn es schon anfängt, dunkel zu werden, dachte Trine, doch in Gesellschaft von Schnuppe und mit dem Gefühl ihres hüpfenden Herzens machte ihr die bevorstehende Dunkelheit keine Angst. Mit Leichtigkeit sauste Schnuppe über den Schnee, und Trine hatte das Gefühl, zu fliegen. Allmählich wandelte sich das Blau der Abenddämmerung zu einem tiefen Nachtblau. Am Himmel standen nur eine dünne Mondsichel und ein paar Sterne, zu wenige, um den beiden den Weg leuchten zu können. Doch wie alle Rentiere fand sich Sternschnuppe auch im Dunkeln zurecht, so würden sie problemlos nach Hause finden, da war sich Trine ganz sicher. Allerdings musste Schnuppe nun langsamer laufen, damit er nicht über einen umgestürzten Baumstamm stolperte oder in ein Erdloch trat.

Trine wäre gerne schneller vorangekommen, da sich ihre Familie

bestimmt schon Sorgen machte, denn schließlich hatte sie versprochen, dass sie vor Einbruch der Dunkelheit zurück sein würde.

Sie freute sich schon auf einen heißen Kakao und darauf, ihrem Vater, ihrer Mama und ihrer Oma von ihren ungewöhnlichen Begegnungen zu erzählen und davon, wie der Geist der Weihnacht sie gerettet hatte und was ihre Gabe war – das gesamte Abenteuer eben. Mit ihrem Herzen war sie bereits daheim, im gemütlichen Wohnzimmer mitsamt ihrer Familie. Und es würde auch noch Zeit genug bleiben, um das Weihnachtsfest vorzubereiten und die Menschen endlich in Weihnachtsstimmung zu bringen.

Während Trine ihren Gedanken nachhing, erblickte sie in der Ferne am Himmel eine Sternschnuppe. Also schloss sie für einen Moment die Augen und wünschte sich, das bevorstehende Weihnachtsfest auf der Erde und auch im Weihnachtsland möge das allerschönste sein, das es jemals gegeben hatte. Und obwohl all das noch in der Zukunft lag, war ihr Wunsch doch so kraftvoll, dass sie bereits den Glanz der Lichter vor sich sah, all die prachtvoll geschmückten Weihnachtsbäume und bunt verpackten Geschenke, sie sah die strahlenden Gesichter der Kinder und ihre vor Vorfreude geröteten Wangen, während sie mit der ganzen Familie zusammensaßen und auf die Bescherung warteten. Sie roch auch all die herrlichen Düfte von Zimt, Kakao, Tannennadeln und Bienenwachs, die zu einem solchen Fest dazugehörten. Trine spürte ihre eigene Freude und auch die der Kinder auf der Erde und aller Bewohner im

Weihnachtsland, und es kam ihr vor, als würde sie schon jetzt das große bunte Fest erleben, das nach getaner Arbeit auf dem Schlitten auf sie wartete.

Beseelt von diesem Gefühl, verzog sich Trines Mund zu einem breiten Lächeln, und sie öffnete die Augen. Da sah sie, dass die Sternschnuppe nicht verschwunden war, wie sie es für gewöhnlich taten. Sie war noch an genau derselben Stelle, als Trine sie erblickt und dann die Augen geschlossen hatte, um sich etwas zu wünschen.

»Das ist ja ungewöhnlich! Siehst du das, mein lieber Schnuppe? Die Sternschnuppe bleibt einfach da. Und sieh! Sie wird sogar heller – oder kommt mir das nur so vor?«

Nein, Trine bildete sich das nicht ein. Die Sternschnuppe strahlte mit jedem Atemzug des Weihnachtskindes kräftiger und wurde sogar noch größer, und das hieß, sie kam näher! Um Trine und Schnuppe herum wurde es heller, und so konnten sie nun wieder an Geschwindigkeit zulegen. Die Sternschnuppe verließ die beiden nicht, im Gegenteil, sie war ihnen immer ein Stück voraus, erhellte den Weg, der vor ihnen lag, und geleitete sie so nach Hause. Trine war zwar erstaunt über diesen außergewöhnlichen Himmelsbegleiter, doch wirklich wundern tat sie sich nicht mehr, nach allem, was sie auf ihrer Reise erlebt und erfahren hatte. Dies gehörte wohl einfach zum Weihnachtswunder dazu: ein Licht in der Dunkelheit, das umso heller schien, je tiefer die Nacht war.

16

Trine konnte nicht sagen, wie lange sie so in Begleitung der Stern-schnuppe unterwegs gewesen waren, als sie schon von Weitem ihr Haus sah. Die Fenster waren hell erleuchtet, und vor der Tür brann-ten zwei Fackeln, als wollten sie die Heimkehrer willkommen hei-ßen. Die Sternschnuppe blieb genau über dem Weihnachtshaus stehen, leuchtete noch einmal hell auf, noch heller als auf der ganzen Reise – und dann war sie plötzlich weg. Erloschen, so wie alle Sternschnuppen nach ihrem Flug über den Himmel.

Als Trine näher kam, entdeckte sie hinter dem Küchenfenster ei-nen Haufen Werkstattwichtel, die an der Scheibe klebten, als wäre hier draußen etwas Interessantes zu sehen gewesen.

Nun gut, eine Sternschnuppe, die alles taghell erleuchtet und genau über dem Haus erlischt, ist es wohl wert, sich mitten in der Nacht die Nase am kalten Fenster platt zu drücken, dachte Trine, lächelte und schaute noch einmal zum Himmel empor. Da hörte sie, wie die Tür aufgerissen wurde und Mama, Papa und Oma gleichzeitig riefen: »Trine!« – »Trine, endlich, da bist du ja!« – »Oh, meine liebe Trine, wo warst du nur so lange?!« Auch die neugierigen Werkstattwichtel waren nach draußen gekommen, und alle drückten und herzten das Weihnachtskind so sehr, dass sie ganz verschwand unter all den Umarmungen und Küssen.

»Es tut mir leid«, sagte Trine, nachdem sie alle ein wenig von sich weggeschoben hatte, um wieder Luft zu bekommen. »Entschuldigt bitte, dass ich mich etwas verspätet habe. Aber ihr musstet euch wirklich keine Sorgen machen, ich war in guter Begleitung und …« Trine wollte gerade von der Sternschnuppe erzählen, die sie bis nach Hause geführt hatte, doch ihre Mutter fiel ihr ins Wort.

»Keine Sorgen machen?! Trine, du warst zwei Tage lang verschwunden! Wir haben uns wahnsinnige Sorgen gemacht – und wir sind so, so froh, dass ihr beiden wieder heil hier seid! Komm rein, die Wichtel bringen Schnuppe bestimmt gerne in den Stall, nicht wahr?«, sagte Mama, und die Wichtel nickten eifrig und taten, worum sie gebeten worden waren. Das war merkwürdig, denn die Wichtel taten fast nie, worum sie gebeten wurden, die Lage schien wirklich ernst zu sein.

»Zwei Tage lang?«, wunderte sich Trine. Nach und nach verstand sie, was das bedeutete: Sie musste sehr viel länger beim Geist der Weihnacht geschlafen haben, als sie gedacht hatte. Oder hatten sie und Schnuppe noch viel länger im Schnee gelegen, bevor der Geist der Weihnacht sie gerettet hatte? Bei dem Gedanken erschauderte Trine regelrecht.

Zwei Tage war ich fort, dachte sie, und irgendetwas sagte ihr, dass das nicht nur bedeutete, wie viele Sorgen sich alle um sie gemacht hatten, sondern da war noch etwas anderes. Etwas sehr Wichtiges. Doch sie kam einfach nicht darauf.

Die Erwachsenen hatten Trine bereits ins Haus geschoben, ihr den Rucksack abgenommen und ihr geholfen, all die warmen Sachen auszuziehen. Nun saß sie in eine dicke Wolldecke gehüllt im Wohnzimmer am Kamin. Oma hatte ihr eine Tasse heißen Kakao in die Hände gedrückt und eine Wärmflasche an die Füße gelegt. Während Trine so gemütlich zwischen vielen Kissen auf dem Boden vor dem Feuer hockte, standen die drei Erwachsenen um sie herum und schauten sie still und mit großen Augen erwartungsvoll an. Trine verspürte einen Anflug von schlechtem Gewissen. Sie hatte nicht gewollt, dass ihre Familie so sehr in Sorge gewesen war. Wie mussten sie sich wohl gefühlt haben, als sie abends nicht nach Hause gekommen war? Doch zugleich fand sie, dass es auch zu komisch aussah, wie alle mit fragenden Gesichtern dastanden und nicht wussten, was sie sagen sollten.

Trine musste unwillkürlich grinsen, doch sie fing sogleich an zu erzählen, was ihr und Schnuppe widerfahren war, um die drei liebsten Menschen in ihrem Leben nicht weiter auf die Folter zu spannen. Sie berichtete vom Schneesturm und vom Geist der Weihnacht, der sie beide gefunden und gerettet hatte, und dass sie an seinem Feuer lange – ganze zwei Tage, wie sie nun wusste – geschlafen und sich erholt hatte. Dann erzählte sie von dem Gespräch mit dem Geist der Weihnacht über ihre Gabe und wie er ihr klargemacht hatte,

dass ein Weihnachtsfest auch ohne Schnee und Frost möglich war und wie schlimm es für die Menschen und auch für das Weihnachtsland wäre, wenn Weihnachten ausfallen würde.

Plötzlich meldete sich eine Stimme in Trines Hinterkopf, die ihr sagte, dass es noch etwas sehr Wichtiges gab, woran sie sich erinnern sollte. Und plötzlich wusste sie es: »Zwei Tage lang war ich weg. Also ist schon morgen Heiligabend! Verschneit und zugenäht! Warum sagt denn keiner was?!«

Keiner der Erwachsenen sagte etwas, stattdessen warfen sie einander verstohlene Blicke zu und schauten dann zu Boden.

»Wir müssen doch los, Papa, auf geht's, wir sind jetzt schon spät dran!«

Der Weihnachtsmann kniete sich zu seiner Tochter auf den Boden, dabei knarrten seine Stiefel und knackten seine Knie.

»Hör mal, meine liebe Trine, auch wir konnten Schnee und Frost nicht finden, und deshalb sind die Menschen nicht in Weihnachtsstimmung gekommen. Warst du auch am Eisplatz und hast auf die Erde geschaut? Da ist leider nichts zu machen, für uns gibt es heute Abend nichts zu tun. Weihnachten fällt aus«, sagte der Weihnachtsmann, wobei sein letzter Satz nur noch ein schwaches Flüstern war.

17

Trine hob den Blick zu Mama und Oma, um in ihren Gesichtern zu lesen, und hoffte sehr, dass sie nicht Papas Meinung waren. Doch beide Frauen nickten nur betrübt und bestätigten damit seine Worte.

Trine konnte es nicht fassen. »Was habe ich euch denn gerade erzählt? Vom Geist der Weihnacht, vom Weihnachtswunder und von der Gabe meines hüpfenden Herzens, von meiner Liebe zum Weihnachtsfest und meiner Kraft des Wünschens! Wir brauchen Schnee und Frost nicht! Natürlich wäre es schöner, wenn die beiden Strandurlauber ihre Hintern aus den Liegestühlen hochbekommen würden, um die Menschen mit Schnee und Eisblumen zu erfreuen und ihnen den Zauber und Glanz der Weihnachtszeit zu bringen. Doch eigentlich ist es doch egal, wie die Menschen in Weihnachts- stimmung kommen, das Einzige, was zählt, ist, dass allen vor Freude und Liebe das Herz hüpft. Und dafür kann ich sorgen. Lasst uns den Schlitten bereit machen und die Geschenke aufladen. Und du, Papa, musst dich noch richtig anziehen. Niemand erwartet den

Weihnachtsmann im Schlafanzug, auch wenn der mit Zuckerstangen bedruckt ist. Ich sage dem Christkind Bescheid, dass wir bald losfliegen. Die Zeit drängt! Noch heute Nacht muss alles vorbereitet sein, damit wir es schaffen, morgen alle Geschenke auf der ganzen weiten Welt auszuteilen. Wir können die Menschen doch nicht warten lassen!«

Trine wartete eine Antwort der Erwachsenen gar nicht erst ab. Sie sprang auf, war in wenigen Minuten wieder in ihre warme Kleidung eingepackt und stürmte mit einem kurzen Winken und einem »Bif gleif!« – sie hatte einen Lebkuchen zwischen den Zähnen – aus der Tür.

Und zurück blieben drei ziemlich verdutzte Erwachsene, die offenbar nicht wussten, was sie nun tun sollten. Während sie da so ratlos herumstanden, knallte mit voller Wucht ein Schneeball an das Wohnzimmerfenster. Und dann noch einer und noch einer und noch einer ... Dahinter konnte niemand anders stecken als die Werkstattwichtel.

Sie bombardierten das Haus! Hatte Trine ihnen womöglich eingeflüstert, ihre Eltern und Oma auf Trab zu bringen? So etwas musste man den Wichteln nicht zweimal sagen: Sie johlten laut durch die Nacht, warfen Schneebälle in sämtliche Richtungen und sich selbst in Schneewehen, wo sie Schneeengel hinterließen.

Der Weihnachtsmann blickte seine Frau und seine Mutter an

und verkündete: »Dann wollen wir mal!« So ganz überzeugt hörte er sich allerdings nicht an, der Weihnachtsmann, seine Stimme klang eher müde als entschlossen, und auch die beiden Frauen schienen erschöpft, vielleicht ein wenig traurig. Doch Trine zuliebe und um sie nicht zu enttäuschen, machten sie alle mit: Der Weihnachtsmann sammelte alles ein, was er brauchte: Wunschzettel, die Tabellen mit den Adressen der Kinder und der Flugroute, Geschenke, Sternenstaub und seine weihnachtliche Garderobe. Mama ging in den Stall, um den Rentieren das Weihnachtsgeschirr mit den Rentierglöckchen anzulegen und sie dann vor den Schlitten zu spannen, und Oma trommelte

die Werkstattwichtel zusammen, um mit ihnen gemeinsam das Fest für das Weihnachtsland vorzubereiten. Vieles hatten sie schon in Angriff genommen, doch als Trine verschwunden und die Hoffnung, dass alles noch klappen würde, geschrumpft war, hatten sie mit dem Backen, Kochen und Schmücken aufgehört.

Trine ging unterdessen zum Christkind, das ein Stück entfernt wohnte, und klopfte an dessen Haustür. Sie hatten ein Klopfzeichen vereinbart, damit das Christkind wusste, dass es Trine war, die sie da besuchen wollte. Einmal lang, zweimal kurz und dreimal lang,

schon sprang die Tür von selbst auf, und kurz darauf erschien das Christkind.

Wie immer war seine Gestalt in strahlendes Licht gehüllt, das aus ihm selbst kam. Das Christkind sprach nicht mit Wörtern, wie es die meisten tun. Es war von einer tiefen Stille umgeben, durch die es sich wortlos verständlich machen konnte. Dadurch sagte es mehr, als tausend Worte es hätten tun können.

Trine hatte sich angewöhnt, mit dem Christkind auch ohne Worte zu sprechen. Wie das ging? Nun, sie dachte: Mach dich fertig, liebes Christkind. Es ist zwar schon spät, und vielleicht rechnet auf der Erde niemand mehr mit einer Bescherung, doch wir geben unser Bestes! Dazu schickte Trine dem Christkind Bilder aus ihrem Kopf, in denen sicht- und fühlbar war, was sie gerade gedacht hatte.

Das Christkind hatte verstanden, es schien zu lächeln, leicht geheimnisvoll, so, wie es eben war. Ohne sich vorher noch warm anzuziehen – das brauchte das Christkind nicht – trat es aus der Tür heraus und begleitete das Weihnachtskind. Während sie schweigend nebeneinanderher gingen, sahen sie hinauf in den dunklen Himmel mit all seinen funkelnden Sternen. Dort würden sie gleich sein: das Christkind, Trine, ihr Vater – der Weihnachtsmann – und all die Rentiere samt Geschenken auf dem großen Schlitten.

18

Trine und das Christkind liefen schweigend durch die Schneelandschaft. Den größten Teil des Weges hatten sie bereits zurückgelegt,
und das Licht aus den Fenstern des Weihnachtshauses und nun auch
aus dem Wolkenstall leuchtete ihnen entgegen. Trine konnte schon
von fern erkennen, dass eines der Rentiere nicht eingespannt war –
ein Platz war frei, und zwar der von Rudolph mit der roten Nase.
Was sollte das nun wieder bedeuten?

Siehst du das? fragte Trine das Christkind in Gedanken und mit
einem Bild, und das Christkind schickte Trine als Antwort ein Bild
des leeren Rentier-Platzes. Um so schnell wie möglich zu erfahren,
was da los war, rannte Trine nun den restlichen Weg. Das Christkind
rannte nicht, doch auf wundersame Weise wartete es schon vor dem
Wolkenstall, als Trine dort ankam.

»Was ist los? Was ist mit Rudolph, warum ist er noch nicht ange-
schirrt?«, rief Trine atemlos.

»Er ist leider krank, liebe Trine«, sagte ihre Oma. »Dein Vater setzt gerade all seine Überredungskünste ein, damit Rudolph seine Kräfte sammelt und trotzdem mitkommt. Aber ich habe da so meine Zweifel ...«, fügte sie hinzu.

»Genug der Zweifel!«, schimpfte Trine, lief in den Wolkenstall und holte kurzerhand ihren geliebten Schnuppe.

»Was soll das werden?«, fragte ihr Vater, der immer noch bei Rudolph stand. »Willst du etwa Rudolph durch Schnuppe ersetzen? Das funktioniert nicht. Du weißt, dass er erst ein Mal mit den anderen Rentieren vor den Schlitten gespannt war und noch nie mit ihnen zusammen geflogen ist. Er ist noch zu jung und hat keine Erfahrung, das ist viel zu riskant für uns alle.«

»Vielleicht hast du recht, Papa«, entgegnete Trine, »doch es ist die einzige Möglichkeit, die wir haben. Wir hatten bisher schon so viele Probleme, das werden wir auch noch schaffen. Hilfst du mir jetzt, oder willst du weiter mit Rudolph kuscheln?«

»Na, na!«, tadelte der Weihnachtsmann seine Tochter und erhob mahnend seinen rot behandschuhten Zeigefinger. Doch in seinem Gesicht war kein Unmut zu sehen, nur ein Lächeln und strahlende Augen.

Trine grinste, nahm ihren Vater an die eine Hand und Schnuppes Zügel in die andere.

Nun war es tatsächlich und endlich so weit: Gleich würden sie abfliegen, alle saßen bereit, und Mama und Oma standen erwartungsvoll vor dem Schlitten. Es war die Nacht vom 23. auf den 24. Dezember, und nun mussten sie wirklich los, damit an Heiligabend alle kleinen und großen Menschen und auch so manches Tier ein Geschenk bekamen.

Die Geschenke aus dem Weihnachtsland waren voller Magie und ein Beweis dafür, dass es den Weihnachtsmann und das Weihnachtsland und alle, die darin lebten, wahrhaftig gab. Niemand sollte an diesem Zauber zweifeln!

Trine wollte gerade fragen, ob sie nun losfliegen konnten, da bemerkte sie, wie sie von ihrer Familie und dem Christkind erwartungsvoll angesehen wurde. Natürlich! Alle warteten darauf, dass sie nun ihre Gabe einsetzen und mit ihrem hüpfenden Herzen für Weihnachtsstimmung auf der Erde sorgen würde. Denn sonst würde der Sternenstaub, durch den die Rentiere und der Schlitten überhaupt erst fliegen konnten, keine Wirkung zeigen. Dann würden sie nicht abheben können und müssten mit all den Geschenken hier im Weihnachtsland bleiben.

Aber wie genau sollte sie das tun? Sie wollte schon in ihrem Kopf nach einer Lösung suchen, da antwortete augenblicklich Trines Herz.

»Der Eisplatz!«, rief Trine. »Wir müssen ja erst noch zum Eisplatz! Mama, Oma, holt die Wichtel und Schaufeln, wir fahren schon mal vor und treffen uns gleich dort!«

Mittlerweile hatten es alle aufgegeben, Trine Fragen zu stellen, warum sie etwas tun wollte. Das Weihnachtskind hatte beschlossen, das Weihnachtsfest zu retten, also würden sie ihr einfach helfen, so waren alle stillschweigend übereingekommen. Eigene Ideen hatten sie ohnehin keine.

»Ho, ho, ho!«, rief der Weihnachtsmann und: »Los, meine Schönen!«, womit er die Rentiere meinte.

Der Schlitten ruckte kurz, dann zogen die Rentiere gemeinsam kräftig an, und auch Sternschnuppe machte das ganz wunderbar. Der Eisplatz kam schon nach einer kurzen Fahrt in Sicht, der Sternenstaub bewegte sich gleichmäßig und ruhig über der Eisfläche.

19

Als der Eisplatz nur noch einen Katzensprung entfernt war, hüpfte Trine vom fahrenden Schlitten, nahm die rote Wolldecke mit, die sie sich über die Beine gelegt hatte, und lief zur nächstbesten Schneewehe. Dort breitete sie die Decke aus und schaufelte mit den Händen so viel Schnee darauf, wie sie konnte. Als sie merkte, dass ihr Vater und das Christkind immer noch auf dem Schlitten saßen, rief sie: »Na los, kommt schon und helft mir! Habt ihr mal auf die Uhr geschaut?« Dem Christkind schickte Trine schnell ein Bild, das zeigte, was sie vorhatte. Das ging schneller, als das Ganze in Gedanken mit vielen Worten zu erklären.

Das Leuchten um das Christkind herum wurde hell und heller, als es Trines Bild empfing, und es lächelte nicht nur, sondern grinste über das ganze Gesicht. Beinahe hätte man meinen können, das Christkind würde gleich so etwas wie »Juhu!« rufen. Doch das tat es nicht. Dafür stieg es vom Schlitten und half Trine geschwind, Schnee auf die Decke zu laden. Und wenn man das Christkind so fleißig schuften sah, konnte man als Weihnachtsmann ja nicht gemütlich sitzen bleiben und einfach nur zuschauen. Also kletterte auch er vom Schlitten und machte sich nützlich.

Als die Decke nicht eine Schneeflocke mehr hätte tragen können, nahm Trine sie an allen vier Ecken zusammen und zog sie auf die Eisfläche, auf der normalerweise nie Schnee lag. Das änderte Trine: Sie hob die Decke an und schüttete den Schnee auf den Eisplatz. Sie war gespannt, was passieren würde, denn sicher wissen tat sie dies nicht. So wartete sie einen Moment ab, dann noch einen und noch einen klitzekleinen weiteren Moment. Und als nichts geschah – der Schnee verschwand nicht, er schmolz auch nicht und wurde auch nicht zu Eis –, machte Trine weiter und verteilte den Schnee gleichmäßig und legte sich schließlich darauf. Für gewöhnlich wirbelte der Sternenstaub zunächst herum, veränderte seine Formen und Farben und zog sich schließlich zurück, wenn jemand die Eisfläche betrat. Doch nun, da Trine Schnee mitgebracht und sich daraufgelegt hatte, schien der wabernde Glitzernebel, der in allen Farben des Regenbogens schillerte, neugierig geworden zu sein. Er kam zurück auf die Eisfläche und legte sich über Trine und den Schnee.

Dem Weihnachtsmann blieb verborgen, was da in der Glitzernebelwolke vor sich ging. Geduldig wartete er ab. Bis ein kurzes Kichern zu hören war, dann Stille. Dann wieder ein Kichern, dieses Mal lauter. Und dann wurde aus dem Kichern ein Kinderlachen und schließlich ein nicht mehr enden wollender Lachanfall. Man muss sich das nur einmal vorstellen: Weder der Weihnachtsmann noch das Christkind sind Wesen, die man leicht verblüffen kann, aber nun

standen die beiden hier und wussten nicht, wie ihnen geschah, denn das Lachen schien überall um sie herum zu sein, ganz so, als wären alle Kinder der Erde hier oben im Weihnachtsland auf dem Eisplatz versammelt und hätten gemeinsam einen gigantischen Lachanfall, der durch die Nacht hallte.

Zugleich nahm der nun noch buntere Sternenstaub unendlich viele verschiedene Formen an. Darin konnte man die Silhouetten hüpfender Kinder erkennen, da auch mal ein schaukelndes, kleine und große Menschen, die aufeinander zuliefen und sich in die Arme schlossen, um sich dann im Kreis zu drehen und wild und ausgelassen zu tanzen. Sogar eine Kissenschlacht mit fliegenden Federn war in dem Sternenstaub zu sehen.

Staunend sahen sich der Weihnachtsmann und das Christkind das Schauspiel an, und obwohl beide schon so viele Jahre zählten, das, was hier geschah, hatten sie in ihrem ganzen langen Leben noch nicht erlebt.

Dann, mit einem Mal, war es vorbei. Das Lachen verebbte, und die Bilder aus buntem Sternenstaub verschwanden allmählich, bis wieder alles ganz still und unbewegt war. Jetzt konnte man auch wieder Trine sehen, die noch immer im Schnee auf der Eisfläche lag. Doch um sie herum sah der Schnee nun anders aus – Trine hatte die Beine und Arme von sich gestreckt und mit ihnen hin und her und auf und ab gerudert, sodass ein Schneeengel entstanden war. Trines Gesicht war rot vor Kälte und vor Lachen, sogar ein paar Lachtränen liefen ihr über das Gesicht. Das Christkind und der Weihnachtsmann wussten einen Moment lang nicht, ob sie dem Weihnachtskind aufhelfen oder einfach mitlachen sollten.

»Trine?«, fragte der Weihnachtsmann zaghaft. »Alles in Ordnung mit dir?«

»Mehr als das, mein lieber Papa!«, antwortete Trine. »Und das war erst der Anfang!« Grinsend drehte sie den Kopf dem Christkind und ihrem Papa zu. Das Lachen und der Tanz des Sternenstaubs waren zwar vorbei, doch man sah all das noch immer in Trines glänzenden Augen, die wie zwei Sterne am dunklen Nachthimmel strahlten.

20

Der Weihnachtsmann trat an die Eisfläche heran, um seiner Tochter aufzuhelfen. Trine ergriff mit ihrer kleinen seine große Hand und richtete sich auf. Dann trat sie einige Schritte zur Seite und betrachtete ihr Werk. Der Schneeengel sah herrlich aus, denn man sah ihm an, dass er mit unbändiger kindlicher Freude gemacht worden war. Seine Silhouette bestand aus bunt glitzerndem Sternenstaub. Und weil der Schnee nicht auf dem Eis haften geblieben war, konnte man durch den Schneeengel hindurch hinunter auf die Erde blicken.

Gespannt schauten die drei – auch das Christkind war nun näher gekommen, aber nur bis zum Rand der Eisfläche – durch den Schneeengel auf die Erde. Oh, da tat sich ja was! Zunächst war nur eine Kerzenflamme zu sehen, dann tauchte ein vom Kerzenlicht erleuchtetes Kindergesicht auf, mit vor Aufregung rosigen Wangen. Das Kind lauschte einer Stimme, wobei man in der Dunkelheit nicht sehen konnte, wem sie gehörte, doch es hörte sich nach der Stimme eines alten Menschen an, der schon viele Weihnachten erlebt hatte und Geschichten aus seiner Erinnerung erzählte – so wie Trines Oma das auch meist machte. Dieser Augenblick, den sie da gerade miterleben durften, war ... voller Weihnachtsmagie! Endlich!

»Seht ihr das?!«, rief Trine und machte vor Freude ein paar Luftsprünge. »Es hat funktioniert! Es hat funktioniert!« Plötzlich hielt sie inne, denn hier und da hatte sie ein Funkeln im Eis des Schneeengels gesehen. Trine kniete sich auf den Boden, ihre Augen ganz dicht über der Eisfläche, und sah, wie in ihr der vielfarbige Sternenstaub glitzerte und blinkte. Hier und da schwebte er auf die Erde hinab.

»Wie sonderbar ...«, murmelte Trine, verwundert über diese Entdeckung. Das Christkind trat heran, weil es auch das Sonderbare sehen wollte. »Ich glaube ...«, überlegte Trine, »... ich glaube, der Sternenstaub ist irgendwie durch das Eis gekommen, als ich den Schneeengel gemacht habe, und schwebt nun wie Schneeflocken auf die Erde und trägt in diesem Moment mein Lachen und meine Freude in jedes Menschenhaus.«

Der Weihnachtsmann verstand und klatschte begeistert in die Hände. »So ist denn nun tatsächlich die Weihnachtsmagie auf die Erde gekommen! Was für ein Wunder! Ein richtiges Weihnachtswunder!« Und das Christkind sandte Bilder von blinkenden Sternen und Sternschnuppen aus, von herrlich geschmückten Weihnachtsbäumen und von Familien, die fröhlich beisammensaßen und Weihnachten feierten.

»Das kann man wohl sagen!«, erwiderte Trine und schenkte dem Christkind ein breites Lächeln.

Dann schaute Trine an ein paar anderen Stellen durch das Eis hinunter auf die Erde, doch dort herrschte noch immer missmutige, trübe Stimmung, nichts Weihnachtliches, Liebevolles oder Magisches weit und breit. »Es gibt noch einiges zu tun«, stellte sie fest. »Wir müssen wohl die gesamte Eisfläche, auch jedes noch so kleine Eckchen, mit Schneeengeln bedecken. Wo bleiben denn nur die …?«

Platsch! Platsch! Platsch! Das waren drei Schneebälle! Der erste hatte Trine im Nacken getroffen, der zweite den Weihnachtsmann am Kopf und der dritte das Christkind am Hinterteil.

»Aha, da sind sie ja endlich!«, rief Trine und lachte.

Wie gewohnt kündigten sich die Werkstattwichtel mit einem Streich an, selbst den Weihnachtsmann und das Christkind hatten sie nicht verschont, so waren sie eben, die Wichtel. Einen Augenblick später waren auch Mama und Oma da: die eine mit einem Spaten, die andere mit einer Schneeschaufel ausgerüstet.

»Wir brauchen möglichst viel Schnee auf dem Eisplatz!«, lautete Trines klare Anweisung. So stellte auch keiner Fragen, sondern alle machten sich sofort an die Arbeit, denn jeder schien zu verstehen, dass es eilig war und zudem von großer Wichtigkeit. Oma und Mama machten es genauso wie Trine zuvor und schaufelten den Schnee auf die Decke. Die Werkstattwichtel hatten dagegen ihre ganz eigene Technik und machten auch aus dieser Arbeit einen einzigen Spaß: Sie rollten gemeinsam große Schneekugeln, so als würden sie einen Schneemann bauen wollen. Doch statt eine auf die

andere zu setzen, schoben sie die Kugeln auf die Eisfläche und hüpften dann darauf herum, bis sie wieder zu lockerem Schnee zerfielen. Da das Christkind und der Weihnachtsmann keine Schaufeln hatten, taten sie es den Wichteln nach. Selten hatte das Weihnachtsland so etwas Lustiges gesehen! Da fiel es Trine noch leichter, voller unbändiger Freude und mit nicht enden wollendem Kichern einen Schneeengel nach dem anderen zu machen.

Oma, Mama und die Wichtel mussten sich sehr zusammenreißen, um nicht selbst vor lauter Lachen am Boden zu liegen. Wie der Weihnachtsmann und das Christkind auf den Schneekugeln herumhüpften, das war aber auch zu komisch anzusehen! Doch alle

wussten, dass die Arbeit dringend erledigt werden musste, und so lachten sie nur so viel, dass sie immer noch in der Lage waren, Schnee zu schaufeln.

Trine gab ihr Bestes, sie legte sich immer wieder an einer anderen Stelle des Eisplatzes in neuen Schnee und vollbrachte gemeinsam mit ihrem hüpfenden Herzen und den Schneeengeln ein Weihnachtswunder nach dem anderen.

Als Trine die letzten drei Schneeengel machte, begleitet von den Bildern voller Lebendigkeit und Freude, die der Sternenstaub hervorbrachte, und dem fröhlichen Lachen, das den gesamten Eisplatz erfüllte, wurden alle großen und kleinen Helfer ganz besinnlich und ließen sich selbst vom Weihnachtswunder durchdringen. Sogar die Werkstattwichtel waren ganz still und schauten mit verträumtem

Blick zu. Liebe lag in der Luft, so sehr spürbar, dass Trine das Gefühl hatte, sie könne danach greifen.

Pure Lebensfreude durchströmte Trine. Leise lachend und ohne dass es jemand bemerkte, nahm sie zwei Hände voll Schnee, formte einen kleinen festen Schneeball und warf ihn mitten in die Wichtel-horde hinein. Langsam, als müssten sie erst erwachen, drehten sie die Köpfe, um nach dem Werfer zu suchen. Als sie das lachende Weihnachtskind entdeckten, stürmten einige Wichtel auf sie zu, doch anstatt sie nun selbst mit Schnee zu bewerfen, nahmen sie Trine auf ihre Schultern und warfen sie unter großem »Hurra!« in die Luft. Der Rest der Wichtel raufte sich, wie sollte es auch anders sein, im tiefen Schnee. Der Weihnachtsmann fing Trine aus der Luft auf und schloss sie fest in seine Arme.

»Du kleines großes Weihnachtswunder! Sieh, was du geschaffen hast!«, sagte Papa und zeigte mit der Hand über die ganze Eisflä-che voller Schneeengel. »Du bist etwas ganz Besonderes, meine liebe Trine! Und übrigens: Herzlichen Glückwunsch zu deinem 112. Geburtstag!«

»Huch, das hatte ich total vergessen! Ich habe ja heute Geburts-tag!«

Mama und Oma eilten herbei, um Trine ebenfalls zu ihrer großen Tat und zu ihrem Geburtstag zu beglückwünschen. So stand die ganze Weihnachtsfamilie eng beieinander und hatte ihren eigenen besinnlichen Weihnachtsmoment, und sie erinnerten sich an den Tag, als ihr kleines Weihnachtswunder, das Weihnachtskind, vor 112 Jahren auf die Weihnachtswelt gekommen war.

Auch wenn der 112. Geburtstag ein ganz besonderer war, gab es nun Wichtigeres zu tun, als zu feiern. Als Trine ein Bild vom Christkind empfing, das ihr wartende Menschenkinder vor einem geschmückten Weihnachtsbaum zeigte, besann sich Trine auf ihre eigentliche, dringende Aufgabe: die Bescherung auf der Erde – und dazu ihre erste Schlittenfahrt als Weihnachtsfrau-Anwärterin.

Trine nickte dem Christkind zu und löste sich von ihrer Familie, die noch endlos lange in Erinnerungen hätte schwelgen können. »Wir müssen los! Die Kinder warten«, sagte sie und wollte gerade in den Schlitten steigen, als Oma sie zurückhielt. »Warte einen Augenblick, mein liebes Geburtstags- und Weihnachtskind, ich habe noch etwas für dich.«

Über Omas ausgestreckten Armen lag ein leuchtend roter, flauschiger Mantel, der mit silbrig-weiß glitzernden Eisblumen bestickt war und einen schneeweißen Kragen hatte. »Das hier ist mein Mantel, den ich damals als Weihnachtsfrau getragen habe. Damit habe ich meine erste Schlittenfahrt und alle, die darauf folgten, gemacht. Er war mir stets ein guter Begleiter und soll nun dir gehören.« Sie hielt den Mantel so, dass Trine mit Leichtigkeit hineinschlüpfen konnte – und er passte wie angegossen.

Trine war ganz erfüllt von dem Zauber, der in diesen wundervollen Mantel durch die Eisblumen eingewoben war, dann bedankte sie sich bei ihrer Oma, fiel ihr um den Hals und bedeckte ihre Wangen mit unzähligen Küssen. Als kleines Kind hatte sie diesen Mantel so oft bewundert und immer wieder einmal die Tür des Schrankes, in dem er hing, geöffnet, ganz heimlich, um den wundervollen Stoff zu berühren und dessen Magie zu fühlen. Wie lange schon hatte sie geträumt von diesem Tag, an dem sie selbst einen solchen Mantel besitzen und mit dem Schlitten durch die Lüfte fliegen würde. Und nun war dieser Tag endlich gekommen.

Trines Eltern platzten fast vor Stolz und sahen ihr kleines, großes Mädchen, das nun schon so erwachsen wirkte, mit feuchten Augen an. Trine hatte unterdessen ihren Platz im Schlitten eingenommen, das Christkind saß neben ihr, und die Rentiere, ganz besonders Schnuppe, scharrten ungeduldig mit den Hufen im Schnee. Sie hatten ja recht, es war Zeit aufzubrechen.

Der Weihnachtsmann verabschiedete sich mit einem Kuss von seiner Frau und mit einer festen Umarmung von seiner Mutter. Dann setzte er sich vorne in den Schlitten und nahm die Zügel in die Hand. »Alle an Bord?«, fragte er und drehte sich lächelnd um. Das Christkind und das Weihnachtskind nickten ihm eifrig zu. »Sternenstaub bereit?«

»Sternenstaub ist bereit!«, antwortete Trine. »Dann wollen wir mal hoffen, dass er nun genügend von der Weihnachtsstimmung auf der Erde aufgeladen wurde und uns durch die Lüfte tragen wird!«

Das, in der Tat, war noch nicht sicher und würde sich erst zeigen, wenn die Rentiere aufsteigen sollten, hoch in den Himmel und durch den Wolkenwirbel aus buntem Sternenstaub, der das Tor zur Menschenwelt mitsamt ihrem Weihnachtsfest war.

Der Weihnachtsmann lenkte den Schlitten zur Startbahn, während Trine den Beutel mit Sternenstaub, den sie an ihrem Mantelgürtel befestigt hatte, hielt, damit sie, wenn es so weit war, den Sternenstaub unter die Rentierhufe streuen konnte. Die Anspannung stieg – nicht nur bei Trine, dem Weihnachtsmann und dem Christkind, sondern auch bei Oma, Mama und den Wichteln, die sich nun zum Daumendrücken an der Absprungstelle versammelten. Auf der Startbahn würden die Rentiere Anlauf nehmen, bis sie so schnell rannten, wie es für Rentiere nur möglich war. An der Absprungstelle mussten sie mit dem Aufstieg in den Himmel beginnen, denn nur etwa hundert Schritte dahinter war eine steile Klippe. Sie mussten also unbedingt vorher abheben, um nicht in die Tiefe zu stürzen.

Mit einem lauten »Ho! Ho! Ho!« gab der Weihnachtsmann den Rentieren das Zeichen, loszurennen, und das taten sie dann auch.

Immer schneller und schneller liefen sie, schneller als der Wind, während die Rentierglöckchen immer lauter klingelten und der Schlitten folgte, als würde er nichts wiegen, trotz des Plätzchenbauches des Weihnachtsmanns, der beiden anderen Passagiere und des Berges von Geschenken. Gleich war die Absprungstelle erreicht – und da, ganz plötzlich, strauchelte Schnuppe, dessen junge Beine das schnelle Tempo noch nicht gewohnt waren.

Ein Raunen ging durch die Menge der Werkstattwichtel, und Mama und Oma schlugen sich erschrocken die Hände vor den Mund. Sternschnuppe kam wieder auf die Hufe, und die anderen acht Rentiere zogen ihn einfach mit. Sie mussten unbedingt aufsteigen, doch der Schlitten war durch Schnuppes Stolpern zu langsam geworden. Um genug Tempo zu bekommen, liefen die Rentiere über die Absprungstelle hinweg und auf die Klippe zu. Gerade zum rechten Zeitpunkt, als die Rentiere ins Leere traten, nahm Trine den Sternenstaub aus ihrem Beutel und warf ihn unter ihre Hufe.

Und dennoch: Es ging abwärts, die Rentiere, der Schlitten und alle darin fielen in die Tiefe. Niemand sagte etwas, denn es gab in einem solchen Moment einfach nichts zu sagen. Blitzschnell nahm das Weihnachtskind eine weitere Handvoll Sternenstaub aus dem Beutel und warf ihn unter die Hufe und dann noch eine und noch eine – und da, da merkten sie, dass sie schwebten! Trine warf noch zwei Handvoll Sternenstaub aus, und endlich flogen sie aufwärts. Was für ein Glück! Das Weihnachtskind, der Weihnachtsmann und das Christkind seufzten vor Erleichterung laut auf. Als sie endlich oberhalb der Klippe durch die Lüfte und dann noch höher und

immer höher in den Himmel flogen, jubelten ihnen die Bewohner des Weihnachtslandes erleichtert zu und winkten voller Begeisterung.

Die drei auf dem Schlitten winkten zurück und drehten noch eine Ehrenrunde, um zu zeigen, dass sie nun wirklich problemlos durch die Lüfte sausen konnten. Und dann waren sie auch schon nicht mehr zu sehen, denn sie waren durch den Wolkenwirbel aus buntem Sternenstaub zur Menschenwelt hindurchgeflogen.

»Na, wie findest du deine erste Schlittenfahrt, mein liebes Weihnachtskind?«, fragte der Weihnachtsmann.

»Abenteuerlich. Und wunder-wunderschön!«, antwortete Trine ihrem Vater. Es war sogar noch viel schöner, als sie es sich vorgestellt hatte, zwischen all den Sternen und Sternschnuppen zu fliegen. Der Schrecken von eben und all die Mühen, die sie auf sich genommen hatte, um die Menschen in Weihnachtsstimmung zu bringen, waren vergessen. In diesem Moment, jetzt, war alles perfekt, genau so, wie es sein sollte. Trine nahm diesen Anblick und die Himmelsfahrt ganz in sich auf, sie wollte sich immer daran erinnern können. Sie

vergaß aber auch nicht, von Zeit zu Zeit ein wenig Sternenstaub unter die Rentierhufe zu streuen, damit es nicht wieder abwärtsging.

Währenddessen studierte das Christkind die Wunschzettel und die Tabellen mit den Adressen der Kinder und sah nach, wohin sie überall fliegen mussten, um die Geschenke zu verteilen. Gelegentlich schickte das Christkind dem Weihnachtsmann Bilder, damit er nicht vom Weg abkam. So ging es eine ganze Weile weiter, und wie sie so durch die raumlose Dunkelheit flogen, nur begleitet vom Mond, einigen Sternen und dem Klingeln der Rentierglöckchen, verlor Trine ganz und gar ihr Gefühl für die Zeit. Waren sie erst zehn Minuten unterwegs oder schon Stunden? Sie konnte es nicht sagen. Dass sie sich der Erde näherten, merkten die drei aus dem Weihnachtsland daran, dass es allmählich heller wurde. Bald mussten sie da sein!

22

Während Trine, der Weihnachtsmann und das Christkind noch durch den Nachthimmel flogen, wurde es heller und heller. Das lag aber nicht an den Sternen oder am Mond, sondern an den Lichtern unten auf der Erde. Durch den leicht bewölkten Himmel konnten sie bereits heimeliges Licht, das aus Fenstern schien, Straßenlaternen und festliche Weihnachtsbeleuchtung an den Häusern sehen. Und obwohl keine einzige Schneeflocke zu sehen, keine Eisblume zu entdecken war, so war die Stimmung hier unten doch feierlich. In den Straßen war es ruhig, nur hier und da hörte man die Lieder der Weihnachtssänger, die von Tür zu Tür zogen. Von der missmutigen und gehetzten Stimmung, die Trine einst durch den Eisplatz wahrgenommen hatte, war nichts mehr übrig.

»Wie friedlich das alles ausschaut«, stellte Trine ergriffen fest, und ihr Herz hüpfte vor Freude.

»Das ist dein Verdienst, meine liebe Trine«, sagte der Weihnachtsmann und lächelte seiner Tochter liebevoll zu. »Du hast dich für die Menschen und ihr Weihnachtsfest eingesetzt, als wir anderen schon aufgegeben hatten. Du hast nicht nur den Menschen dieses Weihnachtsfest geschenkt, du hast auch das Weihnachtsland vor dem Schlimmsten bewahrt. Daran werden sich bestimmt immer noch alle erinnern, wenn du so alt wie Oma bist.«

Trine stellte sich vor, wie sie, ganz faltig im Gesicht und mit grauen Haaren auf dem Kopf, als Weihnachtsfrau außer Dienst ihren eigenen Enkeln einmal von den alten Tagen erzählen und wie sie dem Weihnachtsnachwuchs bei dessen Ängsten und Sorgen helfen würde. Ganz die alte, weise Frau eben. Doch dann schüttelte Trine schnell den Kopf, um diese Gedanken loszuwerden, denn bis dahin würde noch viel Zeit vergehen. Jetzt war jetzt, und da gab es Wichtigeres zu tun: nämlich Geschenke auszuteilen!

Trines Vater hatte über dem ersten Haus den Schlitten angehalten, genau über dem Schornstein, sodass Trine die Geschenke hineinwerfen konnte. Dies war nicht nur die erste Bescherung auf dieser Fahrt, sondern für Trine die erste überhaupt, und daher wollte sie zuvor noch etwas wissen: »Wie heißt das Kind, das ich hier beschenke? Und was hat es sich gewünscht?«

Da das Christkind nach wie vor die Wunschzettel und Tabellen in den Händen hielt, beantwortete es Trines Fragen mittels Gedankenübertragung: Anton, sieben Jahre alt, hat sich das Kostüm seines Lieblingssuperhelden »Der Rote Blitz« gewünscht. Außerdem eine E-Gitarre und Schnee.

»Schnee?«, fragte Trine und fügte hinzu: »Hm, was das angeht, werden wir den kleinen Anton wohl enttäuschen müssen. Und das bei meiner ersten Weihnachtsbescherung.« Betrübt sah sie auf die Geschenke, die sie gleich in den Schornstein werfen würde.

»Das ist noch nicht gesagt«, tröstete der Weihnachtsmann seine Tochter. »Wir wissen doch gar nicht, was in zehn Minuten, in einer Stunde oder morgen sein wird. Warten wir es einfach ab.«

»Du hast recht, Papa, das wissen wir nicht. Freuen wir uns lieber über das, was wir bisher schon erreicht haben.«

Das Christkind leuchtete heller, um Trine zuzustimmen. Sogleich besann sich das Weihnachtskind wieder seiner guten Laune, während es die Pakete in den Schornstein fallen ließ. Bei

ihrer Ausbildung zur Weihnachtsfrau hatte Trine erfahren, dass in die Geschenkverpackungen der Weihnachtswichtel eine ganz besondere Magie eingewoben war, und so schwebten die Geschenke durch den Schornstein bis nach unten, ohne auch nur eine Spur Ruß abzubekommen. Nun war sie sehr gespannt, ob dies auch wirklich so sein würde. Sie blickte den Paketen nach und war zufrieden.

Trine drehte sich zu ihrem Vater um und sah ihn mit einem stolzen Lächeln an, doch anstatt sie zu ihrem ersten Wurf zu beglückwünschen, hob er entschuldigend die Schultern und sagte: »Ups, falscher Schornstein!«

Trines Gesicht wurde mit einem Mal ganz blass und dann rot, und sie schaute ihren Vater erschrocken an. Gerade wollte sie mit einer Schimpftirade loslegen, da lachte der Weihnachtsmann glucksend auf, während er sich seinen runden Plätzchenbauch hielt, und sagte: »Alles gut, mein Schatz, das war nur ein Scherz. Den muss jeder beim ersten Einwurf über sich ergehen lassen, und damit bist du jetzt – herzlichen Glückwunsch, liebe Trine! – offiziell Weihnachtsfrau-Anwärterin im Einsatz. Das hast du sehr gut gemacht!«

Trine fasste sich wieder, nachdem sie einmal ein- und ausgeatmet hatte. Der Stolz auf das Lob und die Scham, auf den Streich ihres Vaters hereingefallen zu sein, färbten ihre Wangen noch röter, während das Christkind ihr ebenfalls herzlich zu ihrer ersten geglückten Bescherung gratulierte.

Von nun an ging es zügig weiter, alle waren aufmerksam bei der Sache, und das war auch wichtig, damit sie in der Eile, die sie antrieb, keine Fehler machten. Alle drei mussten gut aufpassen, dass die richtigen Geschenke in die jeweiligen Schornsteine geworfen wurden. Und Trine musste ja auch noch von Zeit zu Zeit Sternenstaub unter die Hufe der Rentiere streuen, während das Christkind die Aufgabe hatte, den rechten Weg zu weisen. Aber alles lief wie am Schnürchen. Der Weihnachtsmann, das Christkind und Trine schafften es, alle Pakete zu verteilen, ohne dass eines dabei verloren ging oder in den falschen Schornstein geworfen wurde.

Immer mal wieder wollte Trine wissen, was ein Kind sich gewünscht hatte, entweder weil die Verpackung so ungewöhnlich aussah oder auch nur aus Neugier. Nicht nur einmal war der Wunsch nach Schnee dabei – mal, weil ein Mädchen die Skier, die auf seinem Wunschzettel standen, endlich auch ausprobieren wollte, mal, weil ein Junge einen Schneemann bauen und ein anderer eine richtige Schneeballschlacht machen wollte. Ein Kind fand: »Sonst ist ja gar nicht richtig Weihnachten.«

Als Trine das las, hörte ihr Herz für einen kurzen Moment auf zu hüpfen, und Kälte wollte sich in ihr ausbreiten. Doch dann dachte sie daran, wie froh und dankbar sie alle sein konnten, dass Weihnachten in diesem Jahr überhaupt stattfand und dass die Weihnachtsstimmung, für die sie auf der Erde gesorgt hatte, wahrhaft spürbar war, auch ohne Schnee und Eisblumen. »Kein Grund für Trübsinn!«, munterte sich das Weihnachtskind selbst auf, nachdem sie fertig waren. »Wir haben so viel erreicht, das alleine ist schon ein Weihnachtswunder. Die Geschenke sind alle verteilt, und ich habe meine erste Fahrt als Weihnachtsfrau-Anwärterin gut gemeistert.«

23

Trine hatte erwartet, dass sie sofort wieder zurück ins Weihnachtsland fliegen würden, sobald sie die letzten Geschenke verteilt
hatten. Doch anstatt höher in den Himmel aufzusteigen, landete ihr
Vater mit dem Schlitten neben einem großen und festlich geschmückten Weihnachtsbaum mitten auf dem gepflasterten Markt-
platz des kleinen Städtchens.

»Ist etwas mit dem Sternenstaub, Papa? Habe ich den Rentieren
eben nicht genug davon unter die Hufe gestreut?«, fragte Trine
überrascht.

»Nein, nein, alles gut«, antwortete er. »Das hier ist eine Tradition:
Jedes Mal, wenn wir eine Weihnachtsfahrt beendet haben, landen
das Christkind und ich in dem Ort, in dem wir das letzte Kind be-
schenkt haben, und schauen in das ein oder andere Fenster, um uns
mit den Menschen zu freuen.«

»Ihr schaut euch euer Werk an, meinst du wohl?«, neckte Trine
ihren Vater.

»Ja, das könnte man so sagen«, gab der Weihnachtsmann lächelnd zu. »Wie auch immer, kommst du mit?«

Das ließ sich Trine nicht zweimal fragen! Sie sprang vom Schlitten und merkte erst in dem Moment, wie froh sie war, wieder festen Boden unter den Füßen zu haben. Auf noch leicht wackeligen Beinen folgte Trine ihrem Vater und dem Christkind, die vor einem Fenster standen und das Weihnachtsfest einer Familie betrachteten. Der erleuchtete Weihnachtsbaum verdeckte einen Teil des Fensters, doch es blieb genug frei, um sehen zu können, wie lauter Erwachsene — es waren etwa zwölf — zusammen am Tisch saßen. Alle erzählten und lachten, während mehrere Kinder aufgedreht im Wohnzimmer herumrannten oder mit ihren neuen Sachen spielten. Wäre dies ein normaler Tag gewesen, so hätten sie schon längst im Bett sein müssen, und die Erwachsenen hätten, müde von der Arbeit, auf dem Sofa gesessen und ferngesehen. Doch dies war kein normaler Tag, es war der schönste Tag des Jahres: Heiligabend! Weihnachten!

»Wie wundervoll!«, fand Trine und die Menschen hinter dem Fenster anscheinend auch. Beseelt von diesem Anblick, lächelten sich die drei Weihnachtslandbewohner zu, und sie wussten, alles war genau so, wie es sein sollte.

Dann gingen sie weiter in eine kleinere Nebenstraße und sahen dort durch ein Fenster, das mit bunten Sternen, einer Sternschnuppe und einem Weihnachtsengel geschmückt war. Im Inneren erblickten sie ein altes Ehepaar. Die beiden mussten schon viele Weihnachten erlebt haben. Sie waren nur zu zweit, doch es war nicht weniger festlich als gerade bei der Familie, nur vielleicht etwas ruhiger. Die beiden saßen am Klavier und spielten gemeinsam Weihnachtslieder. In dem Zimmer brannten nur Kerzen, kein elektrisches Licht, und dadurch strahlte es eine ganz besondere Wärme aus.

Nachdem sie ein Weilchen zugeschaut hatten, gingen Trine, das Christkind und der Weihnachtsmann weiter, und nur wenige Schritte entfernt sahen sie wieder durch ein Fenster. Hier schliefen zwei kleine Kinder auf dem Sofa, sicher erschöpft nach all der Aufregung an diesem Heiligen Abend. Das Mädchen hielt ein plüschiges lila Stoffmonster – eines von der netten Art – fest an sich gedrückt, und der Junge hatte sich offenbar nicht von seinen neuen bunten Bauklötzen trennen wollen, denn sie lagen überall auf ihm verteilt. Mutter und Vater der beiden Kinder saßen bei einer Tasse dampfendem Tee am Tisch und hielten Händchen, während sie der Stille lauschten.

Ihr Weihnachtsbaum stand an der Wand gegenüber, und Trine drückte sich die Nase am Fenster platt, denn selten hatte sie ein so wunderschönes und liebevoll geschmücktes Exemplar gesehen! Am liebsten wäre sie hineingegangen, um sich den Baum aus der Nähe anzusehen. Und da, huch!, sah Trine plötzlich in zwei Kinderaugen, die gerade so über das Fensterbrett schauen konnten. Das Weihnachtskind quietschte vor Schreck kurz auf, dann blickte sie zum Sofa und sah, dass nur noch der Junge mit seinen Bauklötzen dort lag. Das Mädchen streckte Trine sein neues Kuscheltier, das freundliche Monster, entgegen, damit sie es bewundern konnte.

Das Weihnachtskind konnte nicht anders, als verzückt zu lächeln und dem Kind zuzuwinken – bis ihr einfiel: »Oh! Darf die Kleine uns denn überhaupt sehen?« Fragend blickte sie zwischen dem Christkind und ihrem Vater hin und her.

Der Weihnachtsmann antwortete: »Solange es Kinder sind, ist das kein Problem. Meist denken sie nach der Begegnung mit uns, sie hätten das alles nur geträumt. Oder die Eltern reden ihnen das ein, wenn die Kleinen aufgeregt davon erzählen. Bei den Erwachsenen sieht das allerdings anders aus, die fallen in Ohnmacht, wenn sie uns sehen, denn ihre Vernunft verkraftet unseren Anblick nicht. Deswegen ist es besser, wir vermeiden solche Begegnungen, schließlich wollen wir doch nicht, dass alle Großen der Reihe nach umfallen wie Dominosteine.«

Der Weihnachtsmann lachte sein tiefes Lachen bei dieser Vorstellung, und das Christkind und Trine lachten mit. Das Kind hinter der Fensterscheibe lachte auch, denn es fand die drei seltsamen, kichernden Gestalten da draußen einfach zu komisch. Trine blickte ein letztes Mal in die strahlenden Kinderaugen, winkte

dem Mädchen erneut zu, und noch bevor die neugierig gewordenen Eltern hinzukamen, waren die Besucher aus dem Weihnachtsland nur noch drei ferne Schatten in der dunklen Nacht.

Bald saßen sie alle wieder im Schlitten, die Rentiere hatten sich inzwischen ausgeruht, und es konnte losgehen – zurück nach Hause ins Weihnachtsland. Der Weihnachtsmann dröhnte sein tiefes »Ho! Ho! Ho!«, und Trine stand bereit, eine Hand mit Sternenstaub gefüllt, um ihn im richtigen Moment unter die Rentierhufe zu werfen. Die Rentiere liefen los, immer schneller und schneller, schneller als der Wind, denn erst dann konnten sie hoch in die Lüfte steigen.

Doch das war gar nicht so einfach, hier in dem kleinen Städtchen auf der Erde mit seinen engen Gassen und den vielen Häusern. Der Weihnachtsmann lenkte den Schlitten in eine Straße, die lange genug geradeaus führte. Und er hoffte ganz einfach, dass niemand mehr, kein Kind, kein Hund und auch keine Katze, zu dieser späten Stunde auf der Straße sein würde. Dieses Mal stolperte Sternschnuppe nicht über seine eigenen Hufe, er hatte dazugelernt und war nun sicherer. Gerade als die Straße eine Kurve machen wollte, warf Trine den Sternenstaub aus, die Rentiere hoben samt Schlitten ab, beinahe schon senkrecht gen Himmel, um nicht gegen das vor ihnen aufragende Haus zu donnern.

Während sich Trine gut festhielt, warf sie zwei weitere Handvoll Sternenstaub aus, um den Tieren bei diesem schwierigen Aufstieg zu helfen. Schneller als gedacht waren sie weit oben in der Dunkelheit und bereits über der ersten Wolkendecke. Kein Licht von der Erde schimmerte mehr zu ihnen hindurch, nur der dünne Mond und einige wenige Sterne leuchteten ihnen den Weg. Es ging nach Hause!

Oh, wie freute sich Trine auf ihre Mama und Oma und auf ihr eigenes Weihnachtsfest, das sie bei ihrer Ankunft erwarten würde! Doch bis dahin war es noch ein langer Weg, und alle drei waren recht still. Nach der ganzen Aufregung erholten sie sich nun auf der ruhigen Fahrt, und in der Stille war nur hin und wieder das Klingeln eines Rentierglöckchens zu hören.

Gerade als das Weihnachtskind noch einmal an das Menschenkind mit dem lila Plüschmonster im Arm dachte und gedankenverloren lächelte, spürte es plötzlich erst etwas Kühles und dann etwas Nasses auf der Nasenspitze, und es dachte: Es riecht nach Schnee ... Doch das konnte ja nicht sein, Schnee und Frost hatten sich auf und davon gemacht, wahrscheinlich war es nur ein Wassertropfen aus der Nebelwolke, die sie gerade durchflogen hatten. Und den Schneegeruch, den musste Trine sich wohl eingebildet haben, weil sie sich so sehr gewünscht hatte, dass es zu Weihnachten bei den Menschen schneien würde. So wird es sein, dachte sie und wischte sich den Tropfen von der Nase.

Sie wusste, dort, wo sie hinfuhren, würde sie der Schnee erwarten! Nach ein paar Hundert Atemzügen sahen sie endlich den Wolkenwirbel aus buntem Sternenstaub, das Tor, durch das sie nach Hause ins Weihnachtsland gelangten. Mit einem Mal galoppierten die

Rentiere schneller, wohl um möglichst bald in ihrem warmen Stall sein zu können, wo sie ein Festmahl aus Kastanien, Heu und Kraftkeksen erwartete.

Noch ein letzter Hops und sie waren wohlbehalten durch den Wolkenwirbel geflogen und erblickten nun den vertrauten Himmel des Weihnachtslandes. Unter sich sahen sie in der weiten Schneelandschaft ein großes Begrüßungsfeuer brennen, um das sich unzählige Bewohner des Weihnachtslandes versammelt hatten. Mit hochgestreckten Armen winkten sie Trine, dem Weihnachtsmann und dem Christkind freudig zu und jubelten ausgelassen, froh über ihre Rückkehr.

24

Was war das für ein Willkommen! Als die Rentiere ihre Hufe und der Schlitten seine Kufen auf den verschneiten Boden setzten, eilten alle sofort zu den Ankömmlingen. Mama und Oma halfen Trine aus dem Schlitten, umarmten sie stürmisch und drückten ihr eine Tasse heißen Zimtkakao in die Hände. Die Werkstattwichtel zeigten sich von ihrer allerbesten Seite und halfen dem Weihnachtsmann und dem Christkind beim Aussteigen und außerdem den Rentieren aus ihrem Geschirr und in den warmen Wolkenstall hinein.

Als Trine sich umsah, erblickte sie viele bekannte Gesichter und freute sich riesig über all die Gäste. Der Schneemann, dem sie auf ihrer abenteuerlichen Reise mit Sternschnuppe begegnet war, stand zusammen mit seiner Schneefrau und ihren drei Schneekindern in sicherem Abstand zum Feuer, damit sie nicht schmolzen, und unterhielt sich mit dem Osterhasen. Dieser war ein gern gesehener Gast im Weihnachtsland, und da er über die Winterzeit nicht viel zu tun hatte, war er bei fast jedem Weihnachtsfest dabei gewesen, an das Trine sich erinnern konnte.

Sie winkte dem Schneemann und dem Osterhasen zu und sah sich weiter um. Da war Zwerg Nummer eins, und er hatte tatsächlich die anderen sechs Zwerge mitgebracht, alle in unterschiedlichen Weißtönen gekleidet. Schneewittchen war auch da, wie wundervoll! Mit ihrem weiß-blau schimmernden Kleid, dem vornehm blassen Gesicht und den langen, dunkel glänzenden Haaren sah sie schön wie eine Eisprinzessin aus. Trine ging zu ihr und stellte sich vor, und so standen sie eine ganze Weile am Feuer, wärmten sich auf und plauderten, ganz so, als wären sie schon lange beste Freundinnen.

Gerade als Trine erzählte, dass sie von einem kleinen Menschenkind entdeckt worden war, ertönten drei laute Glockenschläge. Ding! Dong! Ding! Alle Gäste unterbrachen ihre Gespräche, denn jeder wusste: Das ist das Zeichen! Das Weihnachtsfest beginnt!

Doch nur kurz herrschte Stille, dann redeten alle aufgeregt durcheinander und machten sich auf den Weg zum Weihnachtssaal, wo wie jedes Jahr das große und prächtige Weihnachtsfest des Weihnachtslandes stattfand.

Während Trine an Schneewittchens Seite zum Saal lief, hielt sie Ausschau nach dem Geist der Weihnacht. Sie wünschte sich so sehr, dass er mit ihnen feierte, schließlich war es zu einem großen Teil sein Verdienst, dass sie überhaupt feiern konnten. Doch sie konnte ihn nirgends entdecken. Vielleicht kann ich seine fast gestaltlose Gestalt in der Dunkelheit und unter all den vielen Gästen nur nicht erkennen, hoffte Trine.

Und dann öffneten sich auch schon die Türen des festlich geschmückten Saals, und jeder, der eintrat und den prachtvollen Baum erblickte, rief »Ooooohhhh!« und »Aaaaaahhhh!«. Selbst denjenigen, die einmal den schönsten Weihnachtsbaum auf der ganzen Welt, den man sich nur vorstellen kann, gesehen hatten, wären bei diesem Anblick vor lauter Staunen die Augen aus dem Kopf herausgekullert. Der Baum ragte hoch hinauf, beinahe bis zur Decke, und auf seiner Spitze prangte ein Stern – aber nicht nur irgendein Stern! Es war ein Eiskristall, in dem regenbogenfarbener Sternenstaub wirbelte. Die zahllosen kleinen Bienenwachskerzen verströmten einen herrlichen Duft und beleuchteten die vielen bunten Christbaumkugeln. Da hingen auch Lebkuchen und Zuckerstangen und kleine geschnitzte Figuren aus Holz: Engel, die Weihnachtskrippe, ein Schlitten mit Rentieren und Weihnachtsmann, Tannenbäume und Sternschnuppen, Wichtel und Elfen und noch vieles, vieles mehr.

Unter den Zweigen auf dem Boden türmten sich ganz sonderbar aussehende Geschenke, die von den Werkstattwichteln beim Einpacken mit einem besonderen Zauber belegt worden waren. Sie änderten ständig ihre Form, sodass man wirklich nicht erraten konnte, was darin sein könnte. Eines aber war sicher: Für jeden Gast war ein Päckchen bestimmt. Doch das gab es erst nach dem Essen.

Wie immer lief Trine als Erstes zu diesem besonderen Baum, um ihn zu bewundern und um sich alles aus der Nähe ansehen zu können. Nun war für sie so richtig Weihnachten, und ihr Herz hüpfte noch wilder als zuvor. Mit einem strahlenden Lächeln nahm sie sich einen Lebkuchen vom Baum, und dann suchte sie ihren Platz an der langen Tafel. Nicht dass der Lebkuchen nötig gewesen wäre, denn hier waren köstlich duftende Speisen aufgetischt, die fast zu schön anzusehen waren, um sie aufzuessen. Doch natürlich langten sie alle kräftig zu, nachdem der Weihnachtsmann die Festlichkeiten mit seinem laut dröhnenden »Ho! Ho! Ho!« und den Worten »Frohe Weihnachten! Wie schön, dass ihr alle da seid!« eröffnet hatte.

In den Jahren zuvor war es immer so gewesen, dass Trine das Essen, die anschließende Weihnachtsmusik der Elfen aus der Weihnachtsbackstube und das alljährliche Theaterstück der Werkstattwichtel möglichst schnell hatte hinter sich bringen wollen, um endlich all ihre Weihnachts- und Geburtstagsgeschenke auspacken zu können. In diesem Jahr aber genoss sie jeden einzelnen Moment des Festes. Und Trine wurde klar, das wichtigste Geschenk hatte sie bereits bekommen: das Weihnachtswunder. Auch in diesem Jahr gab es Weihnachten, bei den Menschen und bei ihnen hier im Weihnachtsland. Und – das war ihre zweite Erkenntnis – Arbeit machte hungrig!

Den Mund voll Soße und Kartoffelbrei, schaute das Weihnachtskind sehnsüchtig auf den Platz zu ihrer Rechten. Genau dort hätte der Geist der Weihnacht sitzen sollen. Sie wollte ihm gerne

alles erzählen, wie die Sternschnuppe sie nach Hause geleitet hatte, wie sie mit den Schnee-engeln und dem Sternenstaub Weihnachts-stimmung zu den Menschen gebracht hatte und wie ihre erste Schlittenfahrt und das Verteilen der Geschenke verlaufen war. Mit einem Herzen, das ein bisschen weniger hüpfte, widmete sie sich wieder ihrem Teller und pikste ihre Gabel in einen mit Honig glasierten Rosenkohl.

Da durchströmte sie mit einem Mal ein Gefühl von Freude, Wärme und Dankbarkeit. War das etwa …? Trine warf einen schnellen Blick auf den Platz neben ihr, und der war nun gar nicht mehr leer. Sie sah das sanfte Lächeln und die blassgrauen Augen einer fast gestaltlosen Gestalt.

»Da bist du ja!«, rief Trine entzückt und fiel dem Geist der Weihnacht um den Hals. »Oh, ich muss dir so viel erzählen! Ich hatte schon befürchtet, du würdest nicht kommen.«

»Das tut mir leid, ich hatte vorher noch etwas zu erledigen, mein liebes Weihnachtskind«, erwiderte der Geist der Weihnacht. »Ich komme gerade vom Eisplatz, denn ich wollte nur zu gerne wissen, wie es nun auf der Erde bei den Menschen aussieht.«

»Wunderschön, nicht wahr?«, sagte Trine. »Alles ist so friedlich, und die Menschen sind fröhlich und in bester Weihnachtsstimmung!«

»Und dann der Schnee und die Eisblumen an den Fenstern, wie herrlich. Hast du Schnee und Frost doch noch gefunden?«, wollte der Geist der Weihnacht wissen.

Trine wurde ganz schwindelig. »Schnee?! Eisblumen?!«, kiekste sie überrascht, unfähig, einen ganzen Satz zu sprechen.

Ganz so, als hätten sie nur auf ihr Stichwort gewartet, öffneten sich in diesem Moment die großen Türen des Festsaals – und wer stand da? Schnee und Frost, Trines Onkel, die nicht aufzufinden gewesen waren! Trine wusste nicht, ob sie wütend schmollen oder lieber zu ihnen hinlaufen und sie umarmen sollte, weil sie endlich, endlich da waren und weil sie nun doch ihr Werk auf der Erde verrichtet hatten und den Menschen eine weiße Weihnacht beschert worden war.

Das hüpfende Herz gewann Trines inneren Kampf. Sie stand auf und rannte zu ihnen, und nachdem sie die beiden mit einem »Macht das ja nie wieder!« in die Seite geknufft hatte, schloss sie Schnee und Frost fest in ihre Arme.

Auch das wurde dem Weihnachtskind mit einem Mal bewusst: Nur weil die beiden nicht da gewesen waren, hatte sie ihre besondere Gabe entdeckt und war an allen Hindernissen, die sich ihr in den Weg gestellt hatten, an allen Schwierigkeiten, denen sie begegnet war, gewachsen.

»Jetzt wird aber gefeiert!«, beschloss Trine, denn alle, die sie liebte, waren nun da. Weihnachten war da. Der Saal bebte vor guter Laune, und Trine rief so laut sie nur konnte: »Frohe Weihnachten, alle zusammen!«

Frohe Weihnachten, liebe/r

Hallo, liebes Menschenkind!

Hier kommt eine kleine Weihnachtsüberraschung von mir.

Ich habe mich in die Weihnachtsbäckerei geschlichen und aus dem

großen Backbuch bisher gut gehütete Plätzchenrezepte abgeschrie-

ben. Meine beiden Lieblingsplätzchen! Wenn du sie backst, weißt

du nicht nur, wie lecker sie schmecken, sondern auch, wie

herrlich es im Weihnachtsland duftet.

Viel Spaß beim Backen und Naschen!

Deine Trine

Lebkuchen

oder auch Pepperkaker genannt. Weihnachtlicher geht es gar nicht!

Das brauchst du:
... für den Teig: 125 g Butter oder Margarine, 20 ml Sahne, 100 g Zucker,
125 g Zuckerrübensirup oder Honig, 400 g Weizenmehl
1 Eigelb, geschlagen, 1 TL Natron, etwa 1 TL Lebkuchengewürz (Nelken, Zimt,
Kardamom, Sternanis, Ingwer, Pfeffer, Muskatnuss, ...), 1 Prise Salz
... und für die Glasur: 1 Eiweiß, etwa 125 g Puderzucker

Lasse die Butter in einer Pfanne schmelzen. Bevor sie braun wird, gib die
Sahne, den Zucker, den Sirup (oder Honig) und die Gewürze hinzu. Die Masse
lässt du nun köcheln, bis der Zucker geschmolzen ist. Dann nimmst du die
Pfanne vom Herd. Warte erst ein bisschen, bis die Masse abgekühlt ist, dann
kannst du das geschlagene Eigelb untermischen.

Nun brauchst du die restlichen Zutaten für den Teig: Vermische in einer
Schüssel Mehl mit Natron. Dieses Gemisch knetest du mit der flüssigen Masse
zu einem festen Teig und formst ihn zu einer Kugel. Die Teig-Kugel braucht
nun ein bisschen Zeit für sich: Für zwei Stunden lässt du sie abgedeckt im
Kühlschrank ruhen. Und auch du kannst dich ausruhen, bevor es weitergeht
mit deinem Pepperkaker-Abenteuer.

Wenn es so weit ist, heize den Ofen auf 180 Grad Celsius vor. Teile den Teig
in mehrere Portionen auf und rolle ihn auf einer bemehlten Fläche etwa einen
halben Zentimeter dick aus. Suche dir die schönsten Plätzchenformen heraus,
die du hast, steche damit den Lebkuchen aus und lege ihn auf das Backblech.
Kleinere Stücke kommen für 10, größere Stücke für 12 Minuten in den Ofen.
Sie sind fertig, wenn sie goldbraun, aber noch weich sind.

Auch wenn du am liebsten direkt hineinbeißen magst: Lasse sie erst abkühlen, damit du dir nicht die Zunge verbrennst. Und außerdem kommt ja noch
die Glasur obendrauf! Dafür schlägst du ein Eiweiß schaumig und mischst
dann den Puderzucker unter. Die Lebkuchen kannst du ganz wie du magst mit
der Glasur verzieren.

Zitronen-Mandel-Plätzchen

etwas ganz Besonderes für jede Naschkatze

Das brauchst du:

... für den Teig: 1 Bio-Zitrone, 125 g kalte Butter oder Margarine, 150 g Mehl, 100 g gemahlene Mandeln, 60 g Zucker, 1 Ei, 1 Prise Salz, ½ TL Zimt

... und für die Glasur: 100 g Puderzucker, 2-3 EL Zitronensaft

... und dann noch für die Verzierung: bunte Streusel oder Mandeln/Mandelblättchen

Wasche die Zitrone heiß ab und tupfe sie trocken. Die kalte Butter schneidest du in kleine Würfel und gibst sie in eine Schüssel. Auch das Mehl, die gemahlenen Mandeln, Zucker, Ei, Salz und Zimt fügst du hinzu. Die Schale der Zitrone reibst du fein ab, auch sie kommt zu den anderen Zutaten in die Schüssel.

Nun vermengst du alles mit den Knethaken eines Handrührgerätes zu einem krümeligen Teig. Dann knetest du am besten mit den Händen weiter, bis du den Teig zu einer glatten Kugel formen kannst. Der Teig braucht nun etwas Zeit für sich: Er kommt abgedeckt für eine Stunde in den Kühlschrank.

Wenn die Stunde endlich vorbei ist, kannst du den Backofen auf 180 Grad Celsius vorheizen.

Den Teig teilst du in mehrere Portionen auf und rollst ihn auf einer bemehlten Oberfläche etwa drei Millimeter dick aus. Nimm dir deine Lieblings-Plätzchenformen und steche den Teig aus. Die Plätzchen lässt du für etwa 10 bis 12 Minuten im Ofen hellgelb backen. Dann nimmst du sie heraus und lässt sie abkühlen.

Nun kannst du ganz kreativ werden mit Glasur und Verzierung. Die Streusel oder Mandeln sollten schon bereitstehen. Vermische aber zunächst den Puderzucker mit dem Zitronensaft, bis eine dickflüssige Glasur entsteht. Damit bestreichst du die Plätzchen und verzierst sie sofort (damit sie kleben bleiben) mit bunten Streuseln oder ganzen Mandeln oder Mandelblättchen — oder mit allem!